Carthagène

Pour 9 l de carthagène

Ingrédients
Environ 10 kg de raisin blanc
3 l d'alcool de fruits

- Écraser les grains de raisin à la main.
- Filtrer le jus obtenu afin d'éliminer les peaux et les pépins.
- Verser ce jus dans une bonbonne et ajouter l'alcool. Remuer longuement afin que les deux liquides se mêlent bien. Reboucher la bonbonne qui doit être pleine.
- Au bout d'une semaine, remuer de nouveau vivement la bonbonne.
- Laisser macérer deux mois.
- Mettre en bouteilles sans remuer trop vivement la bonbonne pour éviter que le liquide ne se trouble.

Nous préparions la carthagène au mois d'août et la dégustions en décembre avec les châtaignes cuites dans la cheminée.

Les « grunes » et les griottes

Voici deux préparations qui nous étaient particulièrement interdites. Il s'agit de raisins et de cerises conservées dans de l'eau-de-vie. C'était la tante Agathe qui avait la responsabilité de ces préparations, de leur conservation et de leur distribution… (interdite aux minots).

La grune

Le mot « grun » en provençal désigne le grain ;
« gruneja » signifie boire la goutte.

Préparation à l'alcool

- Utiliser des raisins blancs, un peu fermes, tels que le servant, le muscat ou l'italia.
- Bien rincer et égrener le raisin.
- Installer les grains dans un bocal bien propre.
- Couvrir d'eau-de-vie de fruits.
- Laisser macérer au moins deux mois.

La griotte

Il s'agit de petites cerises, très acides et légèrement amères, que nous récoltions sur des arbres non traités.

Préparation à l'alcool

- Bien rincer les fruits.
- Couper les queues aux ciseaux.
- Installer dans un bocal bien propre.
- Couvrir d'eau-de-vie de fruits.
- Laisser macérer au moins deux mois.

Préparation au vinaigre

Pour 1 pot de 2 l

Ingrédients
1 kg de griottes
1 l de vinaigre de vin
200 g de sucre
20 cl d'eau

- Bien rincer les fruits.
- Couper les queues aux ciseaux.
- Les installer dans un bocal.
- Porter à ébullition l'eau, le vinaigre et le sucre.
- Jeter cette préparation bouillante sur les cerises qui doivent être recouvertes.
- Fermer le bocal.

Ces cerises deviennent un condiment délicieux, « plus chic » que les cornichons, disait tante Agathe.

Vin de pêche

Ingrédients
5 verres d'alcool de fruits
5 l de vin rosé
100 feuilles de pêcher cueillies en août
100 morceaux de sucre

- Bien rincer les feuilles.
- Les faire macérer dans une bonbonne avec le vin, l'alcool et le sucre pendant une semaine en prenant soin de bien remuer de temps en temps.
- Filtrer.
- Déguster frais à l'apéritif ou en accompagnement de dessert.

Vin d'orange

Ingrédients
10 l de vin rosé ou rouge
La peau séchée de 60 oranges
1 kg de sucre
5 verres à vin d'alcool de fruits

❋ Faire macérer les peaux d'orange dans l'alcool de fruits pendant quarante jours.
❋ Au bout de ces quarante jours, mélanger l'alcool, le vin et le sucre.
❋ Bien presser les peaux d'orange afin d'en extraire le maximum de jus.
❋ Laisser reposer deux mois en prenant soin de remuer de temps en temps afin que les arômes se mêlent bien.
❋ Filtrer le vin.
❋ Déguster avec modération à l'apéritif, servi bien frais.

Clafoutis aux olives vertes

Pour 6 personnes

Ingrédients
80 g d'olives vertes dénoyautées
80 g de Maïzena
4 œufs
10 cl de coulis de tomates (voir page 97)
20 cl de crème liquide
4 cuillerées à soupe d'huile d'olive
20 g de beurre (moule)
1 brin de thym
Poivre du moulin

❋ Allumer le four à 210 °C (th. 7).
❋ Beurrer un plat à gratin, y éparpiller les olives coupées en quartiers.
❋ Dans une jatte, verser la Maïzena et la creuser en fontaine.
❋ Y casser les œufs et les fouetter en incorporant petit à petit la crème, l'huile d'olive, puis le coulis de tomates.
❋ Ajouter le thym effeuillé et poivrer. La pâte doit être assez liquide.
❋ La verser sur les olives dans le plat et cuire 35 min environ, jusqu'à ce que la surface soit dorée.

Croûtons aux abats de volaille

Pour 8 personnes

Ingrédients
32 tranches de pain (baguette)
500 g de foies de poulet
500 g de gésiers de poulet déjà préparés (vidés et rincés)
1 kg de tomates concassées (voir page 103)
2 cuillerées à soupe de concentré de tomate
1 oignon piqué de 5 clous de girofle
1 zeste de citron
1 branche de thym
1 gousse d'ail + 5 gousses d'ail pelées et hachées
2 feuilles de laurier
1 filet d'huile d'olive
Sel, poivre

❋ Couper en petits cubes les foies et les gésiers de poulet.
❋ Dans une cocotte, faire revenir les morceaux de viande avec l'huile d'olive.
❋ Lorsqu'ils ont pris une belle coloration, ajouter les tomates concassées, la tomate concentrée, l'oignon piqué de ses clous de girofle, la gousse d'ail entière, le thym, le laurier, le sel, le poivre et le zeste de citron.
❋ Lorsque l'ébullition a repris, baisser le feu et laisser mijoter à feu très doux pendant 1 h.
❋ Étaler sur les tartines de pain l'ail haché puis une cuillerée à café de la préparation à la viande, mettre au four à 210 °C (th. 7), pendant 10 min.

Ce plat peut se servir également en entrée, accompagné d'une salade frisée.

Ma grand-mère tenait cette recette d'une amie italienne. Celle-ci utilisait tous les abats de poulet, y compris les boyaux qu'elle rinçait très soigneusement et les cœurs.

Croûtons aux anchois

Pour 4 personnes

Ingrédients
16 tranches de baguette de pain
16 filets d'anchois au sel
Jus de citron
1 gousse d'ail
Tomate
Basilic
Poivron rouge
Huile d'olive
Sel, poivre

La veille

❃ Faire mariner des filets d'anchois frais, saupoudrés de sel et de poivre, dans du jus de citron et de l'huile d'olive pendant une nuit.

Le jour même

❃ Frotter avec une gousse d'ail des tranches de pain grillées chaudes.

❃ Les arroser d'huile d'olive puis écraser dessus une demi-tomate bien mûre et concassée avec du basilic finement ciselé.

❃ Garnir la préparation d'un filet d'anchois égoutté et d'une petite lamelle de poivron rouge.

❃ Servir aussitôt.

Pain de poivrons

Pour 6 à 8 personnes

Ingrédients
1 kg de poivrons rouges
1 kg de poivrons verts
1 kg de tomates
5 gousses d'ail
160 g de beurre
1 paquet de chapelure

- Faire cuire les poivrons et ôter la peau.
- Dans un moule à cake bien beurré, disposer en couches successives poivrons rouges, poivrons verts, chapelure, morceaux de beurre.
- Saupoudrer l'ensemble de chapelure et de beurre.
- Recouvrir le moule d'une feuille d'aluminium.
- Bien tasser les légumes et enfourner 30 min à 180 °C (th. 6).
- Par ailleurs, peler les tomates et les mixer avec l'ail.
- Couper le pain de poivrons en tranches et le servir avec la sauce tomate à l'ail.

Poichichade

Pour 6 à 8 personnes

Ingrédients
250 g de pois chiches cuits au naturel
2 ou 3 gousses d'ail écrasées
Le jus de 2 citrons
1 cuillerée à soupe d'huile d'olive
1 pincée de paprika
Sel
Piment selon le goût
1 bouillon de volaille
Grains de sésame grillés
1 cuillerée à soupe de persil haché

- Passer les pois chiches au moulin à légumes puis mixer cette purée en y ajoutant le jus de citron, l'ail écrasé, l'assaisonnement et le bouillon de volaille afin d'obtenir une purée pas trop épaisse.
- Réchauffer à feu doux.
- Servir dans un grand bol, saupoudrer de paprika et de persil haché et arroser d'huile d'olive et de grains de sésame grillés.

Ce plat est un amuse-bouche pour l'apéritif et il se mange avec des tranches de pain grillées et un bon vin blanc.

Soupes

Soupe au pistou

Pour ? personnes

Ingrédients
100 g de gros haricots verts
100 g de cocos blancs
2 ou 3 courgettes
100 g de carottes
50 g de pommes de terre
100 g de gros vermicelle
4 tomates très mûres
5 gousses d'ail
1 bouquet de basilic
75 g de parmesan
25 cl d'huile d'olive
2,5 l d'eau

❀ Effiler et équeuter les haricots verts et les couper en tronçons. Tailler les courgettes en dés.
❀ Cuire les haricots verts dans 2,5 l d'eau salée et poivrée. Après 15 min, ajouter les carottes et les pommes de terre. Après 15 min, ajouter les courgettes.
❀ Cuire 15 min, puis ajouter le vermicelle.
❀ Piler la pulpe des tomates, l'ail épluché, le parmesan et les feuilles de basilic en mouillant peu à peu avec l'huile d'olive.
❀ Verser dans la soupe en pleine ébullition.

❀ Cette soupe, qui vient de Gênes, se sert aujourd'hui aussi bien chaude en automne que froide en été. Elle peut être plus ou moins rafraîchissante suivant la dose de tomates que l'on y met. Souvent, on y ajoute quelques couennes au lard de jambon, reste de garde-manger qui peuvent être parfois un peu rances.
❀ C'est le plat typique de l'été provençal.

Aigo boulido

Cette soupe se servait traditionnellement le soir de Noël pour aider à la digestion du réveillon du 24 et du repas du 25. Garantie pour apaiser la gueule de bois des lendemains de fête puisque « l'aigo boulido, sauvo la vido » *(l'eau bouillie sauve la vie).*

Pour 8 personnes

Ingrédients
8 tranches de pain grillées frottées à l'ail
2 l d'eau
8 feuilles de sauge
6 gousses d'ail
Huile d'olive
200 g de gruyère râpé
Sel, poivre

❁ Faire griller les tartines de pain puis les frotter à l'ail.
❁ Faire infuser dans l'eau les gousses d'ail et les feuilles de sauge. Saler, poivrer.
❁ Mettre une tranche de pain dans chaque assiette creuse.
❁ Arroser d'un filet d'huile d'olive, couvrir de fromage râpé et mouiller avec l'eau bouillie.

Soupe de pois cassés

Pour 8 personnes

400 g de pois cassés verts
1 oignon
50 g de petit salé
1 gousse d'ail
1 carotte
Thym, laurier
10 cl d'huile d'olive
6 feuilles d'oseille
Sel, poivre

La veille

❀ Faire tremper les pois cassés.

Le jour même

❀ Faire revenir l'oignon émincé avec le petit salé coupé en dés.
❀ Ajouter les pois cassés et mouiller à hauteur.
❀ Attacher ensemble l'ail, la carotte, le thym et le laurier et ajouter ce bouquet garni.
❀ Laisser cuire une bonne heure à feu doux.
❀ Vérifier que les pois sont bien souples puis les égoutter en réservant le jus de cuisson.
❀ Ôter le bouquet garni, passer au moulin à légumes grille fine et mouiller avec le jus restant jusqu'à consistance d'une soupe.
❀ Rectifier l'assaisonnement et ajouter les feuilles d'oseille hachées finement.
❀ Servir avec un filet d'huile d'olive.

Soupe de courge

Pour 8 personnes

Ingrédients
1 kg de pulpe de courge
200 g d'oignons
3 gousses d'ail
50 cl de fond de volaille (voir page 100)
50 cl de crème
1 botte de ciboulette
1 jus de citron
Sel, poivre
Muscade

❊ Faire suer les oignons à blanc avec l'ail.
❊ Ajouter la courge coupée en petits dés.
❊ Mouiller avec le fond de volaille et laisser cuire en remuant régulièrement.
❊ Ajouter la crème et continuer de cuire. Ajouter l'assaisonnement.
❊ Passer à la Moulinette.
❊ Ajouter le jus de citron et la ciboulette hachée au dernier moment.
❊ Rectifier l'assaisonnement.

Velouté de tomates au basilic

Il est conseillé de manger ou plutôt de boire ce potage froid en été. En effet, il révèle une certaine acidité qui peut être très rafraîchissante sous le soleil brûlant de Provence.

Pour 8 à 10 personnes

Ingrédients
4 carottes
3 oignons
1 branche de céleri
2 têtes d'ail
Thym, laurier
3 kg de tomates
2 cuillerées à soupe de concentré de tomate
1 l de fond de volaille (voir page 100)
Huile d'olive
2 cuillerées à soupe de farine
Basilic frais
Sel, poivre

❋ Éplucher et couper en gros cubes les carottes et les oignons, la branche de céleri, les deux têtes d'ail épluchées, le thym et le laurier.
❋ Les faire suer à l'huile d'olive.
❋ Ajouter le concentré de tomate, la farine, bien mélanger et mettre 2 kg de tomates coupées en gros cubes, mouiller au fond blanc et cuire longuement à feu doux comme on le ferait pour une sauce.
❋ Peler et épépiner le kilo de tomates restantes. Mixer la chair.
❋ Détendre la soupe avec la pulpe. Rectifier l'assaisonnement.
❋ Servir glacé et décoré de quelques feuilles de basilic haché.

Soupe de poisson

Pour 8 personnes

Ingrédients
1,6 kg de poissons de roche (rascasse, grondin, girelle, saintopierre, congre, gobi, vieille, vive)
2 beaux oignons
5 tomates bien mûres
1 petite cuillerée à soupe de concentré de tomate
1 branche de fenouil sauvage
10 gousses d'ail
10 cl d'huile d'olive
2 g de safran
50 cl de vin blanc sec
1 baguette de pain
Sel, poivre du moulin

❋ Prendre des petits poissons, ne pas les trier, juste les laver. Ne pas les vider sauf s'ils sont gros
❋ Prendre une casserole de bonne dimension, plutôt plate et à bords pas très hauts.
❋ Faire chauffer l'huile et y jeter les oignons grossièrement hachés ainsi que huit gousses d'ail écrasées.
❋ Faire revenir le concentré de tomate afin d'en ôter l'acidité.
❋ Faire revenir les poissons, laisser cuire 5 min à sec.
❋ Ajouter les tomates, le safran et le fenouil, mouiller avec le vin blanc et finir de cuire avec de l'eau.
❋ Laisser cuire 10 à 15 min à bons bouillons.
❋ Passer au moulin à légumes (pas d'ustensiles modernes à moteur, tout à la main).
❋ Faire cuire la soupe de nouveau, rectifier l'assaisonnement.
❋ Faire griller des tranches de baguette, les frotter avec les deux gousses d'ail restantes.
❋ Disposer quatre tranches de pain au fond d'assiettes creuses et verser la soupe.
❋ Certains y adjoindront un peu de fromage râpé, d'autres de la rouille.

Entrées

Tarte aux herbes

Pour 6 personnes

Ingrédients
1 rouleau de pâte brisée
200 g de pousses d'épinard
300 g de brousse de brebis
3 oignons nouveaux
10 cl de crème
5 cl de lait
3 œufs + 2 jaunes
2 poignées d'orties fraîches ou ciboulette, cerfeuil, persil plat
30 g de farine + 1 cuillerée à soupe (pour le moule)
20 g de beurre pour le moule
Sel, poivre

❉ Garnir de pâte brisée un moule beurré et fariné. Laisser reposer 30 min au frais.
❉ Allumer le four à 180 °C (th. 6).
❉ Plonger 2 min les feuilles d'ortie et les pousses d'épinard dans de l'eau frémissante salée.
❉ Rafraîchir aussitôt et égoutter.
❉ Sur une planche, hacher au couteau les oignons, les épinards et les orties.
❉ Mixer la brousse avec le lait et la crème pour la lisser, puis ajouter les œufs et les jaunes battus. Saler et poivrer. Incorporer la farine tamisée.
❉ Ajouter le hachis d'herbes dans la crème aux œufs. Mélanger puis rectifier l'assaisonnement.
❉ Verser dans le moule.
❉ Cuire de 40 à 45 min au four.
❉ Servir chaud, tiède ou froid.

Tarte de tomates à la bûche de chèvre frais

Pour 6 personnes

Ingrédients

1 rouleau de pâte brisée
800 g de tomates
2 oignons
4 brins de ciboulette ciselés
2 brins d'origan effeuillés
1 bûche de chèvre non cendrée ou bûche de chèvre, crottins pas trop secs, banons, chevrotin
2 œufs + 2 jaunes
20 cl de crème épaisse
3 tranches de jambon cru
20 g de beurre
1 cuillerée à soupe de moutarde
1 cuillerée à soupe d'huile
1 cuillerée à soupe de farine
1 cuillerée à café de baies roses concassées
Sel, poivre

❋ Allumer le four à 210 °C (th. 7).
❋ Peler les tomates. Les découper ainsi que la bûche en tranches un peu épaisses. Peler les oignons et les émincer en rondelles.
❋ Détacher les anneaux, les faire dorer dans l'huile, à la poêle.
❋ Tailler en lanières le jambon après avoir ôté le gras.
❋ Étaler la pâte dans un moule beurré et fariné. Piquer le fond à la fourchette.
❋ Enfourner pour 10 min.
❋ Retirer le moule et régler la température à 180 °C (th. 6).
❋ Tartiner le fond de tarte avec la moutarde. Intercaler les rondelles de tomate et les tranches de chèvre, en éparpillant à mesure les oignons et les lanières de jambon cru.
❋ Battre les œufs et les jaunes avec la crème salée et poivrée, les baies roses et les herbes ciselées. Verser sur le fond de tarte.
❋ Enfourner et cuire de 30 à 35 min. La crème doit être prise et la pâte dorée et croustillante.
❋ Servir et déguster aussitôt.

Fromage de tête

Pour 15 à 18 personnes

Ingrédients
1 demi-tête de porc
1 pied de porc
1 bouquet garni
1 oignon piqué
de 4 clous de girofle
2 carottes
Sel, poivre

❋ Laver soigneusement la tête et le pied du porc. Ôter l'œil. Passer les morceaux à la flamme afin de supprimer les poils qui pourraient rester.

❋ Faire cuire la viande dans de l'eau salée, ajouter les carottes, l'oignon, le bouquet garni. La cuisson est achevée lorsque la viande se détache des os.

❋ Retirer le dessus du bouillon qui est souvent trop gras. Poivrer.

❋ Mettre les morceaux de viande dans des bocaux et laisser refroidir.

Tourte feuilletée à la forestière

Pour 6 personnes

Ingrédients
250 g de pâte feuilletée
400 g de champignons de Paris
2 échalotes
1 bouquet de persil
2 gousses d'ail
4 tranches de jambon cuit
150 g de comté
1 jaune d'œuf
25 g de beurre
1 pointe de noix muscade
Sel, poivre

- Nettoyer les champignons et les échalotes. Les hacher.
- Dans une poêle, chauffer le beurre et les faire revenir 7 à 8 min, en mélangeant souvent.
- Saler, poivrer et relever avec la muscade.
- Peler les gousses d'ail et le persil. Les hacher.
- Incorporer cette persillade aux champignons.
- Préchauffer le four à 210 °C (th. 7).
- Étaler la pâte feuilletée en formant un grand rectangle. Le couper en deux bandes, l'une de 15 cm de large, l'autre de 20 cm.
- Poser la bande la plus étroite sur une plaque humectée d'eau puis la tartiner d'une couche de champignons en persillade.
- Recouvrir des tranches de jambon découpées en lamelles et de tranches de comté en alternant avec le reste des champignons hachés.
- Poser la seconde bande de pâte dessus. Pincer les bords pour les souder.
- Décorer en faisant des incisions légères sur la pâte. Dorer au jaune d'œuf.
- Enfourner pour 25 min.
- Servir bien chaud.

Caillettes de gibier

Pour 8 personnes

Ingrédients
200 g d'épinards cuits
50 g d'oseille cuite
100 g d'oignons finement hachés et cuits
500 g de parure de gibier (lièvre ou chevreuil par exemple ; les bas morceaux conviennent bien à cette recette)
3 gousses d'ail
100 à 150 g de crépine de porc
Thym, laurier, sauge
Fond blanc

❉ Couper en petits dés et cuire longuement le gibier comme on le ferait pour un civet afin d'obtenir une consistance bien sèche.
❉ Faire une farce avec les épinards, l'oseille, l'oignon, l'ail, le thym et le gibier.
❉ Rouler des petites boulettes de 30 g environ dans la crépine.
❉ Disposer dans un plat allant au four, mouiller à mi-hauteur avec du fond blanc.
❉ Mettre les feuilles de sauge et de laurier au-dessus et cuire une bonne heure à feu doux à 150 °C (th. 5).

Les caillettes peuvent se faire avec du gibier, de l'agneau, du porc. Idéales pour les casse-croûte du matin, elles peuvent se manger froides ou chaudes, accompagnées de salade.

Brandade de morue aux croûtons aillés

Pour ? personnes

Ingrédients
1 kg de morue salée
1 kg de cabillaud
1 l de lait
1 l d'huile d'olive
1 tête d'ail
1 pain baguette
150 g de truffes

- Dessaler la morue la veille. La faire pocher avec le cabillaud frais dans le lait puis la monter à l'huile d'olive. Égoutter.
- À l'aide d'une spatule, remuer vivement sur le bord du feu et incorporer l'huile d'olive jusqu'à obtention d'une pâte bien homogène.
- Au dernier moment, incorporer l'ail écrasé en purée et les truffes en julienne. Rectifier l'assaisonnement (attention au sel).
- La tartiner sur des tranches de pain baguette grillées.

La brandade de morue est une des plus grandes spécialités nîmoises. Pour la petite histoire, autrefois, les Nîmois troquaient le sel avec les marins. De plus, ils faisaient dessaler la morue dans les réservoirs de chasse d'eau.

Salade de haricots aux oignons nouveaux

Pour 8 personnes

Ingrédients
700 g de haricots blancs en boîte au naturel
700 g de tomates
1 botte d'oignons nouveaux
70 g d'olives noires dénoyautéess
7 cl d'huile d'olive
1 cuillerée à soupe de vinaigre balsamique
4 cuillerées à soupe de persil plat ciselé
Sel, poivre du moulin

❋ Égoutter les haricots blancs.
❋ Couper les tomates en deux et les presser légèrement dans le creux de la main pour éliminer les pépins. Les recouper ensuite en lamelles.
❋ Éliminer les racines et un tiers du vert des oignons, émincer ceux-ci finement.
❋ Détailler les olives en petits bâtonnets.
❋ Réunir tous les éléments préparés dans un grand saladier, ajouter persil, sel et poivre, arroser d'huile d'olive puis mélanger délicatement.
❋ Au moment de servir, asperger les assiettes avec quelques gouttes de vinaigre balsamique et répartir la salade.

Salade de haricots blancs

Pour 8 personnes

2 kg de haricots frais
3 échalotes
8 cuillerées à soupe d'huile d'olive
5 oignons frais
4 gousses d'ail
3 cuillerées à soupe de jus de citron
1 cuillerée à café de pastis
2 brins de fenouil frais
3 feuilles de sauge
Sel, poivre

❊ Écosser les haricots et les mettre dans un grand faitout.
❊ Couvrir d'eau froide, ajouter les gousses d'ail entières non pelées et les feuilles de sauge.
❊ Saler et faire cuire 20 min à frémissement.
❊ Égoutter les haricots, ôter les gousses d'ail.
❊ Les peler et les disposer dans un plat creux, les écraser à la fourchette en incorporant le jus de citron et deux pincées de sel.
❊ Délayer avec l'huile d'olive, parfumer avec le pastis, poivrer.
❊ Peler les échalotes et les oignons avec la partie verte de leur tige. Les hacher et les ajouter à la sauce.
❊ Ajouter les haricots encore chauds. Mélanger puis laisser reposer au frais.
❊ Au moment de servir, mélanger et parsemer de fenouil.

Salade de moules à l'huile de noisette

Pour 8 personnes

Ingrédients
2 l de moules nettoyées
1 botte de radis roses
1 belle poignée de jeunes pousses de salade
3 cuillerées à soupe de persil ciselé
1 bel oignon blanc
3 cuillerées à soupe d'huile de tournesol
2 cuillerées à soupe d'huile de noisette
2 cuillerées à soupe et demie de vinaigre blanc
Sel, poivre du moulin

❋ Verser les moules dans une sauteuse posée sur un feu vif et les remuer plusieurs fois avec une écumoire, jusqu'à ce qu'elles soient toutes ouvertes.
Les décoquiller.
❋ Filtrer le jus de cuisson.
❋ Nettoyer les radis puis les couper en bâtonnets.
❋ Peler et émincer l'oignon.
❋ Mettre les moules dans un saladier avec le persil, les radis et l'oignon. Bien poivrer, saler au besoin.
❋ Mélanger quatre cuillerées à soupe de jus des moules et le vinaigre.
❋ Ajouter les huiles, émulsionner, verser sur les moules, mélanger.
❋ Couvrir d'un film étirable et entreposer 1 h au frais.
❋ Laver et essorer les salades.
❋ Les ajouter dans le saladier et mélanger juste au dernier moment.

Poissons et fruits de mer

Bourride

Ma grand-mère appelait ce plat le « pot-au-feu de poissons ».

Pour 8 personnes

Ingrédients
8 gros maquereaux
8 poireaux coupés en deux
16 carottes
3 branches de céleri
2 oignons
16 pommes de terre
Sauce mayonnaise (voir page 102)
4 gousses d'ail
Sel, poivre

❋ Éplucher les légumes.
❋ Vider les maquereaux. Couper les têtes, les queues et les réserver.
❋ Mettre les légumes épluchés et rincés dans une casserole avec les têtes et les queues des poissons. Recouvrir à peine d'eau. Saler, poivrer. Faire cuire.
❋ Lorsque les légumes sont cuits, retirer les têtes et les queues des poissons et les remplacer par les corps des maquereaux.
❋ Faire de nouveau bouillir à petit feu en surveillant bien les poissons qui cuisent rapidement.
❋ Monter une mayonnaise bien aillée.
❋ Dresser les légumes et les poissons dans un plat de service.
❋ Mouiller la mayonnaise avec une cuillerée ou deux de jus de cuisson des légumes et des poissons.
❋ Arroser le plat avec la sauce ainsi obtenue.

Ce plat peut se préparer avec du poisson blanc (lotte, loup, congre), mais il est alors beaucoup plus onéreux.

Morue frite à la provençale

Pour 8 personnes

Ingrédients
1,8 kg de filets de morue
50 cl de lait
300 g de farine
Huile de tournesol
Sauce tomate
Olives noires

La veille

- Faire dessaler la morue pendant 24 h dans l'eau claire que l'on changera plusieurs fois.

Le jour même

- Découper la morue en morceaux et passer ceux-ci dans le lait puis dans la farine.
- Les faire frire dans l'huile de tournesol.
- Installer les morceaux de morue dans le plat de service, arroser de sauce tomate, décorer avec les olives noires.

Gratin d'épinards à la morue

Pour 6 personnes

Ingrédients
1 kg de morue
1,5 kg d'épinards
50 g de graisse de porc
50 g à 80 g de chapelure
10 cl d'huile d'olive

La veille

❋ Faire dessaler la morue pendant 24 h dans l'eau claire que l'on changera plusieurs fois.

Le jour même

❋ Blanchir les épinards, les presser, les hacher. Faire évaporer l'eau avec un peu de graisse de porc.

❋ Faire frire la morue.

❋ Dans un plat à gratin, mettre une couche d'épinards, une couche de morue frite, une couche d'épinards.

❋ Parsemer de chapelure arrosée à l'huile d'olive. Faire gratiner.

Ce plat pouvait être servi le soir de Noël.

Beignets de morue

Pour 8 personnes

Ingrédients
1,6 kg de filets de morue
Court-bouillon (voir page 100)
Lait
Huile pour friture
La pâte à beignet :
125 g de farine
1 œuf
1 verre de lait
1 cuillère à soupe d'huile

La veille
❋ Faire dessaler la morue 24 h.

Le jour même
❋ Cuire la morue au court-bouillon durant 15 min. Afin de garder la morue bien blanche, on ajoutera du lait au court-bouillon pour moitié.
❋ Réaliser la pâte à beignet : mettre la farine dans un plat, ajouter l'œuf, le sel et l'huile. Délayer progressivement avec le lait.
❋ Effeuiller la morue, tremper les feuilles dans la pâte à beignet et faire frire à grande friture.
❋ Égoutter sur du papier absorbant.

Ces beignets se dégustent avec une sauce tomate ou une sauce tartare.

Rascasse pochée entière

Pour 4 personnes

Ingrédients
1 rascasse de 2 à 2,5 kg
1 court-bouillon avec :
2 l d'eau
1 carotte en rondelles
1 oignon en rondelles
2 branches de céleri bien vertes
1 tête d'ail
3 étoiles de badiane
sel, poivre
thym, laurier

❊ Faire cuire tous les légumes et tous les aromates à l'eau. Passer le bouillon et les refroidir.

❊ Dans une saumonière pouvant recevoir juste le poisson, mettre la rascasse sur le ventre. La mouiller avec le bouillon juste tiède et porter doucement à ébullition 2 à 3 min selon la grosseur.

❊ Fermer avec le couvercle et laisser presque refroidir jusqu'à 50 min. Il doit être cuit et avoir un bon parfum.

Le servir avec quelques légumes à l'eau, un bon aïoli et une bouteille de rosé de Provence bien fraîche.

Filets de rouget à la tapenade

Pour 8 personnes

Ingrédients
16 filets de rouget avec la peau
4 cuillerées à soupe de tapenade
12 cuillerées à soupe d'huile d'olive
1,6 kg de pommes de terre (Ratte ou Charlotte)
2 bottes de ciboulette
Huile à pizza
Sel, poivre

❋ Cuire les pommes de terre pendant 25 min dans le panier d'une marmite à vapeur.

❋ Les peler pendant qu'elles sont encore chaudes, puis les écraser grossièrement à la fourchette, en y incorporant huit cuillerées d'huile d'olive et la ciboulette ciselée. Saler, poivrer. Garder au chaud au bain-marie.

❋ Tartiner chaque filet de rouget côté chair avec une petite cuillerée de tapenade. Les rouler et les maintenir avec une pique en bois.

❋ Les faire revenir 2 min à la poêle dans le restant d'huile. Saler et poivrer, relever avec quelques gouttes d'huile à pizza.

❋ Servir immédiatement avec la purée de pommes de terre.

Gratins au rouget rôti

Pour 8 personnes

Ingrédients
8 beaux filets de rouget ou 16 petits
1 orange
2 kg de pommes de terre
1 brin de menthe
50 cl de lait
7 cl de crème liquide
60 g de beurre
5 pincées de muscade
Sel, poivre

❋ Allumer le four à 180 °C (th. 6).
❋ Peler les pommes de terre et les couper en rondelles fines.
❋ Beurrer huit plats à gratin individuels.
❋ Y disposer les rondelles de pomme de terre en assaisonnant de sel, poivre et muscade.
❋ Prélever, à l'aide d'un zesteur, une cuillerée à soupe de zestes de l'orange.
❋ Faire chauffer dans une casserole le lait avec la crème et les zestes jusqu'à ébullition, puis laisser infuser hors du feu pendant 5 min.
❋ Récupérer les zestes et verser le lait sur les pommes de terre juste pour les recouvrir.
❋ Faire cuire les gratins pendant 55 min au four jusqu'à ce que le dessus soit bien doré et les pommes de terre tendres.
❋ Rincer les filets de rouget, les essuyer, les saler et les poivrer sur les deux faces. Les déposer sur les gratins et remettre au four pendant 6 à 8 min.
❋ Décorer les plats avec les zestes récupérés et des feuilles de menthe avant de servir bien chaud.

Filets d'anchois marinés au vin blanc

Ingrédients
60 anchois frais mis en filets
Vin doux de Banyuls
300 g de gros sel
25 cl d'huile d'olive

La veille
- Placer les anchois 1 h dans du gros sel puis bien les rincer.
- Les faire mariner une journée dans du banyuls

Le jour même
- Les égoutter et les mettre dans l'huile d'olive.

Fruits de mer au safran et aux œufs

Pour 4 personnes

Ingrédients
400 g de filet de poisson blanc (rascasse, loup)
400 g de calamars débités en rouelles
400 g de crevettes décortiquées
4 œufs
500 g de tomates
4 oignons
4 gousses d'ail
1 bouquet de coriandre
1 bouquet de persil
1 bâton de cannelle
1 dosette de safran
1 pincée de cumin moulu
1 pincée de gingembre (poudre)
5 cl d'huile d'olive
Sel, poivre du moulin

❋ Peler et hacher finement les oignons et les gousses d'ail.
❋ Ciseler finement le persil et la coriandre.
❋ Peler, épépiner puis concasser les tomates.
❋ Chauffer l'huile dans une cocotte et y faire blondir les oignons.
❋ Ajouter l'ail, les tomates et les épices ainsi que la moitié de la coriandre et du persil. Laisser mijoter 5 min.
❋ Tailler le filet de poisson en morceaux de 3 cm.
❋ Les ajouter dans la cocotte ainsi que les crevettes et les calamars. Saler, poivrer et mélanger, puis couvrir et faire cuire 10 min.
❋ Retirer le couvercle et monter le feu. Casser les œufs un par un dans la cocotte entre les morceaux de poisson.
❋ Retirer du feu dès que les œufs sont cuits.
❋ Parsemer du reste des herbes et servir aussitôt.

Salade de moules aux fusilli, croquant de céleri vert

Pour 8 personnes

Ingrédients
4 l de moules
1 pied de céleri
8 cuillerées à soupe de mayonnaise (voir page 102)
250 g de fusilli
4 cuillerées à soupe d'huile d'olive
4 cuillerées à café de câpres
2 gros oignons
2 cuillerées à soupe de persil ciselé
30 cl de vin blanc sec
45 g de beurre
80 g d'olives de Nice
Gros sel, poivre

❀ Nettoyer les moules.
❀ Dans une marmite, faire blondir les oignons hachés dans le beurre chaud.
❀ Ajouter les moules, le persil et le vin. Poivrer.
❀ Couvrir et faire ouvrir les moules à feu vif en secouant la marmite une ou deux fois pour bien les mélanger.
❀ Décoquiller les moules.
❀ Nettoyer le céleri. Réserver une douzaine de petits bouquets de feuilles pour le décor. Tailler 200 g de tige de céleri en très petits dés.
❀ Faire cuire les fusilli al dente dans de l'eau bouillante salée. Égoutter. Arroser d'eau très froide. Égoutter à nouveau, puis mélanger les fusilli avec les câpres et l'huile d'olive.
❀ Mélanger les moules avec les dés de céleri et la mayonnaise. Saler et poivrer.
❀ Dans des verres ou des coupes, répartir les fusilli, puis les moules.
❀ Décorer avec les feuilles de céleri et de petites olives de Nice.

Toasts de moules

Pour 8 personnes

Ingrédients
1,5 l de moules
3 cuillerées à soupe de persil
1 bel oignon
15 cl de vin blanc sec
100 g de beurre
40 g d'échalotes
16 tranches de pain de mie
50 g de piquillos
Sel, poivre blanc

❋ Faire ouvrir à feu vif les moules avec l'oignon haché, le persil ciselé, le vin blanc et le poivre.
❋ Faire suer dans un peu de beurre les échalotes ciselées. Saler et poivrer.
❋ Mélanger à 75 g de beurre mou.
❋ Tartiner du mélange les tranches de pain de mie légèrement grillées.
❋ Répartir dessus les moules décoquillées et les piquillos (poivrons à l'huile) émincés.
❋ Décorer de persil ciselé et de poivre blanc.

Bouillabaisse

Pour 8 personnes

Ingrédients pour la soupe
3 kg de soupe rouge
1 poireau
1 bulbe de fenouil
3 têtes d'ail (coupées en deux)
1 oignon
250 g de tomates concentrées
2 g de safran
thym, laurier

✽ Faire suer tous les légumes sans coloration. Ajouter les poissons (soupe rouge), le concentré de tomates, le safran. Bien remuer jusqu'à ce que le poisson se désagrège.

✽ Mouiller à l'eau juste à hauteur. Faire cuire 3 h à bouillon modéré. Passer ensuite au chinois (pas trop fin). Rectifier en sel et poivre puis réserver au chaud. Il doit rester au moins 5 l de bouillon.

Ingrédients pour le plat de poissons
5 rougets barbets moyens (200 g pièce)
2 filets de saint-pierre (500 g pièce), coupés en 10 portions
5 vives (100 g pièce)
1 petit congre (tronçonné en darnes de 80 g environ)
5 rascasses moyennes (200 g pièce)
5 grondins (200 g pièce)

✽ Prendre trois sautoirs évasés. Y disposer dans l'un les grondins et les vives ; dans un autre les rascasses et les rougets ; dans le dernier le congre et le saint-pierre. Arroser les poissons d'huile d'olive et saupoudrer d'un peu de fleur de sel. Mouiller ensuite avec la soupe à peine à hauteur et commencer à cuire les poissons. Une fois cuits, réserver au chaud.

Aïoli (le plat)

Pour 8 personnes

Ingrédients
1 kg de morue
48 bulots
8 œufs durs
8 belles pommes de terre
8 carottes
500 g de haricots verts
Sauce aïoli (voir page 98)
Court-bouillon (voir page 100)

La veille
❀ Faire dessaler la morue dans de l'eau froide toute la nuit.

Le jour même
❀ Faire cuire la morue 15 min dans le court-bouillon.
❀ Cuire les bulots 1 h dans le court-bouillon, cuire tous les légumes séparément.
❀ Déguster la morue, les bulots, les œufs durs et les légumes avec la sauce aïoli.

Supions farcis aux cèpes

Pour 4 à 6 personnes

Ingrédients
200 à 300 g de supions
500 g de cèpes
20 g de poudre de cèpes secs
500 g de champignons de Paris
3 échalotes finement hachées
2 gousses d'ail
10 g de persil frais haché
huile d'olive

Le supion est une petite seiche, remarquable en entrée ou en plat. C'est un peu de travail pour les préparer.

❋ Couper les cèpes en petits cubes et les faire sauter à l'huile salée et poivrée. Les faire égoutter dans une passoire ou un chinois.
❋ Faire une duxelles avec les champignons de Paris (les hacher finement). Faire revenir les échalotes dans un sautoir avec un peu d'huile d'olive. Quand elles sont bien revenues, y jeter les champignons de Paris et laisser cuire jusqu'à sec. Laisser refroidir et mélanger cèpes, duxelles, poudre de cèpes, ail finement haché et persil.
❋ La farce est prête après avoir rectifié l'assaisonnement.
❋ Nettoyer les supions. Tirer sur la tête pour sortir les tripes et les pattes et rincer abondamment à l'eau claire. Les égoutter et les

sécher un peu sur une plaque.

- Couper à hauteur des yeux (que l'on jette) les pattes et les hacher grossièrement. Les poêler et les mélanger à la farce.
- Garnir les supions de farce à l'aide d'une poche à pâtisserie et les fermer avec une pique. Les jeter dans une poêle chaude et faire colorer de chaque côté. Finir quelques minutes à four chaud.

Vous pouvez les servir tels quels avec une petite salade et une bonne vinaigrette aux aromates ou avec un coulis de favouilles et quelques copeaux de parmesan.

Œufs

Œufs durs aux herbes

Ce plat était souvent préparé pour le pique-nique du lundi de Pâques à Saint-Michel-de-Frigolet.

Pour 8 personnes

Ingrédients
16 œufs bien frais (75/80)
4 salades (laitue ou batavia)
1 kg d'épinards
200 g d'oseille
1 gousse d'ail
10 cl d'huile d'olive
80 g de beurre
50 g de chapelure
50 g de gruyère râpé
Sel, poivre

La veille

❋ Bien laver les herbes, les faire blanchir très rapidement puis les faire longuement égoutter.

Le jour même

❋ Faire durcir les œufs, les écaler, les couper en deux, sortir les jaunes et les réserver dans un saladier.

❋ Dans une poêle, faire revenir dans l'huile d'olive l'ail écrasé (sans le brûler), les herbes finement hachées, saler et poivrer.

❋ Écraser les jaunes et les mélanger aux herbes afin d'obtenir une farce.

❋ Disposer les blancs dans un plat à gratin, les garnir de la farce aux herbes.

❋ Parsemer les œufs ainsi farcis de gruyère râpé, de chapelure et de quelques petits morceaux de beurre.

❋ Enfourner à four doux à 150 °C (th. 5) et déguster chaud ou froid.

Omelette de pommes de terre aux légumes

Pour 6 personnes

Ingrédients
4 pommes de terre
1 courgette moyenne
2 carottes
2 oignons
2 cuillerées à soupe de ciboulette ciselée
25 cl d'huile d'olive
8 œufs
Sel, poivre

❁ Peler les pommes de terre, les laver, les couper en rondelles puis les éponger dans un linge.
❁ Faire chauffer l'huile dans une grande poêle.
❁ Ajouter les pommes de terre, les remuer pour les enrober d'huile, couvrir à demi et laisser cuire 5 min.
❁ Couper les oignons pelés en rondelles, séparer les anneaux, les mettre dans la poêle et les cuire en couvrant à moitié et en remuant toutes les 5 min : les légumes doivent être dorés et moelleux sans croustiller. Saler et poivrer en cours de cuisson.
❁ Débiter la courgette lavée et les carottes pelées en rondelles.
❁ Cuire les courgettes à la vapeur et les carottes dans de l'eau salée jusqu'à ce qu'elles soient tendres. Égoutter.
❁ Lorsque les pommes de terre sont tendres, les retirer de la poêle et jeter l'huile.
❁ Battre les œufs en omelette avec sel et poivre.
❁ Ajouter les légumes et la ciboulette. Mélanger délicatement.
❁ Verser dans la poêle.
❁ Laisser dorer d'un côté, glisser la tortilla sur un plat, ajouter un peu d'huile dans la poêle si nécessaire, puis retourner l'omelette pour dorer l'autre face. Elle doit rester bien moelleuse au centre (compter environ 10 min).

Œufs mimosa

Ce plat était souvent une entrée les jours de fête (en particulier pour Pâques). La décoration était confiée aux enfants.

Pour 8 personnes

Ingrédients
8 œufs
50 cl de mayonnaise
(voir page 102)

- Faire durcir les œufs, les écaler et les couper en deux dans le sens de la longueur.
- Récupérer les jaunes.
- Disposer les blancs d'œufs dans un plat de service. Réserver quatre jaunes pour la décoration.
- Dans un bol, écraser les quatre autres jaunes et les mélanger à la mayonnaise.
- Remplir les blancs de ce mélange.
- Écraser très finement les jaunes restants à la fourchette afin de rappeler les fleurs de mimosa. En parsemer le plat.
- On peut aussi rajouter des olives noires, des petits morceaux de tomate ou des feuilles de persil pour donner la couleur.

Pour un plat plus riche, on peut ajouter du thon ou du crabe à la mayonnaise.

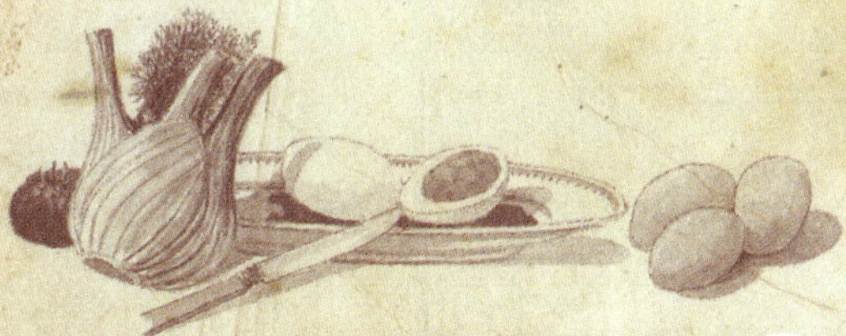

Volailles

Lapin à la moutarde violette d'Avignon

Pour 8 personnes

Ingrédients
1 lapin de 1,5 kg à 2 kg
1 verre de moutarde violette d'Avignon
3 gousses d'ail
1 brindille de thym
1 filet d'huile d'olive
25 cl de crème fraîche
50 cl de vin blanc sec
(Attention au sel, la moutarde s'en charge)

Découper le lapin en morceaux, le badigeonner généreusement de moutarde, parsemer de thym, laisser reposer 1 h.

❋ Faire colorer les morceaux de lapin dans une cocotte, avec l'huile et les gousses d'ail épluchées.

❋ Lorsque la viande a pris une jolie couleur, mouiller avec le vin blanc et faire cuire doucement à découvert afin que le vin s'évapore.

❋ En fin de cuisson, délayer une cuillerée à soupe de moutarde avec la crème fraîche et verser dans la cocotte.

❋ Rectifier l'assaisonnement.

❋ Servir très chaud accompagné de riz blanc.

Afin que la chair du lapin soit bien blanche et que les mouches ne rentrent pas dans les cages et n'apportent pas de maladies, ma grand-mère installait un « bourras » pour en obstruer l'entrée.
Le bourras est une grosse toile dont on se servait pour le transport du fourrage.

Bouillabaisse de lapin

Pour 8 personnes

Ingrédients
1 beau lapin
ou 2 plus petits
3 fenouils
10 tomates bien mûres
3 oignons
8 gousses d'ail
2 verres à liqueur
de pastis
8 pommes de terre
6 piments d'Espelette
4 verres d'huile d'olive
2 dosettes de safran
Sel, poivre

❋ Découper le lapin et le faire mariner pendant 30 min dans un saladier avec le safran, le pastis, deux verres d'huile d'olive, le sel et le poivre.
❋ Dans une cocotte, faire blondir avec un verre d'huile d'olive les oignons hachés et sept gousses d'ail écrasées.
❋ Ajouter les tomates épluchées, épépinées et coupées en morceaux ainsi que les trois fenouils coupés en lamelles. Faire fondre le tout.
❋ Ajouter alors les morceaux de lapin marinés et la marinade. Réserver le ou les foies.
❋ Recouvrir largement d'eau bouillante, saler, poivrer, couvrir et laisser bouillir doucement pendant 10 min.
❋ Ajouter alors les pommes de terre coupées en grosses rondelles.
❋ Laisser cuire encore 20 min jusqu'à ce que les pommes de terre soient bien cuites. Si le lapin est cuit plus rapidement, le sortir de la cocotte et le réserver.
❋ Préparer une sauce rouille en pilant au mortier : une gousse d'ail épluchée, les piments d'Espelette, un verre d'huile d'olive.

- Ajouter les foies de lapin que vous aurez fait sauter et quatre rondelles de pomme de terre de la bouillabaisse.
- Piler tout ensemble et mouiller avec du jus de la bouillabaisse. Bien mélanger pour obtenir une sauce onctueuse.
- Présenter la viande et les légumes arrosés de la sauce bouillabaisse. Servir la rouille à part.

Civet de lapin

Pour 8 personnes

Ingrédients
2 lapins de 1 kg-1,3 kg
250 g de petit salé coupé en petits dés
50 g de farine
5 gousses d'ail
1 tête d'ail en chemise
2 oignons
1 l de vin rouge corsé
1 filet d'huile d'olive
2 carottes
2 branches de céleri
4 clous de girofle
Thym, laurier
Sel, poivre

❋ Découper les lapins et le mettre dans un saladier.
❋ Recouvrir de vin, poivre, laurier, thym, ail, oignons piqués de clous de girofle, carottes coupées en rondelles et céleri.
❋ Couvrir le plat et laisser mariner à température ambiante 1 ou 2 h.
❋ Dans une grande sauteuse, faire revenir le petit salé à l'huile d'olive.
❋ Presser les morceaux de lapin, les mettre dans la sauteuse et les faire roussir.
❋ Lorsque la viande a pris une jolie couleur dorée, ajouter la farine. Faire tourner la viande sur elle-même afin que la farine adhère bien à chaque morceau.
❋ Couvrir du vin de la marinade.
❋ Ajouter la tête d'ail.
❋ Faire partir la cuisson à gros bouillons puis la finir à feu doux.
❋ Le lapin est très vite cuit. Le retirer de la sauteuse dès qu'il est cuit et encore un peu ferme. Le réserver.
❋ Continuer à faire cuire encore la sauce afin d'obtenir une belle couleur rouge foncé.
❋ Pour obtenir une belle onctuosité, en fin de cuisson, ôter les feuilles de laurier, les branches de thym et passer la sauce au chinois.
❋ Rectifier l'assaisonnement et napper les morceaux de viande de la sauce.
❋ Servir avec des pâtes fraîches, des pommes vapeur ou de la polenta.

Pintade aux olives

Pour 2 personnes

Ingrédients
1 pintade de 1,8 à 2 kg
200 g d'olives vertes dénoyautées
1 échalote
1 l de fond blanc
1 l de crème fraîche épaisse
25 cl de vin blanc
huile d'olive, sel, poivre

La fricassée de pintade aux olives est un plat assez rapide à faire. Accompagnée d'épeautre ou de pâtes fraîches, c'est un régal pour toute la famille.

❋ Couper la pintade en quatre. Recouper les cuisses en deux (le pilon et le gras de cuisse) et fendre les suprêmes en deux. On a huit morceaux égaux.

❋ Dans un sautoir de bonne dimension, faire chauffer un peu d'huile et faire revenir les morceaux de pintade après les avoir salés et poivrés. C'est très important de le faire avant car les morceaux n'en seront que plus goûteux. Les faire bien colorer de tous les côtés.

❋ Sortir les morceaux et ôter le gras qui se trouve dans le poêlon. Y jeter l'échalote hachée pour la faire blondir mais pas roussir. Remettre les morceaux de pintade et déglacer au vin blanc.

❋ Laisser réduire jusqu'à sec et mettre ensuite le fond de volaille. Faire cuire 10 à 15 min.

❋ Sortir les plus petits morceaux des suprêmes qui sont vite cuits et cuire encore dix bonnes minutes.

❋ Pour s'assurer que c'est bien cuit, piquer les morceaux à l'aide d'une fourchette ou de la pointe d'un couteau. Il doit sortir un liquide blanc. S'il est sanguinolent, c'est que les morceaux ne sont pas cuits.

❋ Ensuite, faire réduire le fond blanc doucement presque à sec. Il ne doit rester qu'un peu de liquide dans le fond de la casserole. Ajouter la crème et faire cuire jusqu'à ce qu'elle ait réduit de moitié. Ajouter les olives coupées en quatre et les morceaux de pintade. Laisser mijoter le tout 5 min et servir bien chaud.

Viandes

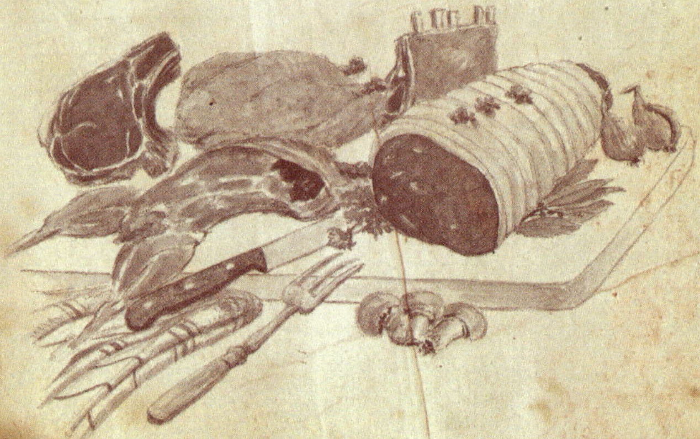

La daube de Mamie

Pour 8 personnes

Ingrédients
1,6 kg à 2 kg de bœuf bourguignon (gîte à la noix ou macreuse ou flanchet ou joue de bœuf)
5 g d'ail
2 oignons
5 clous de girofle
200 g d'olives noires
80 g de farine
30 g de cèpes secs
1 l de vin rouge un peu corsé
1 zeste d'orange
2 feuilles de laurier
1 branche de thym
16 pommes de terre moyennes
1 filet d'huile d'olive
Sel, poivre

❋ Rincer les cèpes et jeter la première eau. Les laisser tremper dans une seconde eau tiède, jusqu'à ce qu'ils soient réhydratés.
❋ Couper la viande en gros cubes. Saler et poivrer.
❋ Dans une grande cocotte, la faire revenir dans l'huile d'olive jusqu'à ce qu'elle prenne une belle couleur.
❋ Ajouter les oignons pelés et piqués des clous de girofle.
❋ Lorsque la viande est bien rousse, ajouter la farine (singer), l'ail non pelé, le thym, le laurier, le zeste d'orange. Bien remuer.
❋ Mouiller avec le vin rouge, faire prendre un premier bouillon puis baisser le feu. Couvrir la cocotte et faire cuire doucement entre 1 h 30 et 2 h.
❋ Lorsque la viande est cuite, ajouter les pommes de terre pelées, les cèpes et les olives noires.
❋ Faire cuire encore 30 min (selon la grosseur des pommes de terre). Il sera peut-être nécessaire de rajouter du liquide. Utiliser alors l'eau de trempage des cèpes.

Daube à l'avignonnaise

Pour 8 personnes

Ingrédients
1 gigot désossé en morceaux carrés de 90 g environ l'un
Sel épicé
4 gousses d'ail
Thym, laurier
250 g de lard de poitrine coupé en lardons de 1 cm de côté et 4 cm de long
250 g de couenne
Queues de persil
3 oignons
1 zeste d'orange séché
Farine
1 l de vin rouge
10 cl d'huile

❋ Traverser chaque morceau de gigot dans le sens du fil de la viande d'un lardon assaisonné de sel épicé (poivré).
❋ Faire mariner les morceaux pendant 2 h avec 10 cl d'huile par litre de vin.
❋ Préparer les oignons hachés mélangés à deux gousses d'ail écrasées.
❋ Faire blanchir le lard de poitrine coupé en dés fins.
❋ Détailler en carrés de 2 cm de côté la couenne fraîche, faire blanchir.
❋ Préparer un bouquet de persil enfermant une écorce d'orange séchée.
❋ Garnir le fond et les parois d'une terrine avec de minces bardes de lard, y ranger les morceaux de gigot en couches alternées avec oignons, lard et couenne et en saupoudrant chaque couche de viande de thym et de laurier en poudre.
❋ Disposer le bouquet vers le milieu de la terrine en la garnissant, et assaisonner légèrement chaque couche.

❁ Mouiller avec la marinade passée au chinois, fermer hermétiquement la terrine avec de la farine diluée avec un peu d'eau.

❁ Faire partir la cuisson sur le fourneau, cuire ensuite pendant 5 h dans le four à chaleur douce à 120 °C (th. 4) et rigoureusement égale pendant tout le cours de la cuisson.

❁ Au moment de servir, découvrir la terrine, retirer les bardes, dégraisser et enlever le bouquet.
La daube se sert telle quelle, dans la terrine.

Cannellonis

Autrefois nous devions cuire les cannellonis comme des pâtes, puis les étaler sur un linge, les garnir et les rouler. Aujourd'hui on trouve les cannellonis déjà roulés et précuits

Compter 4 cannellonis par personne

Ingrédients
Restes de viande que vous aurez hachés
3 œufs
Ail
Persil
Sauce tomate
Gruyère râpé
Sel, poivre

❋ Garnir les cannellonis de la farce confectionnée avec la viande hachée, les œufs, l'ail et le persil. Saler et poivrer.
❋ Installer les cannellonis dans un plat à gratin.
❋ Les arroser de la sauce tomate et d'un peu de bouillon du pot-au-feu.
❋ Recouvrir de gruyère râpé et faire gratiner au four.

Foie de génisse sauce verte

Pour 8 personnes

Ingrédients
1,6 kg de foie de génisse
50 g de câpres
50 g de cornichons
1 cuillerée à soupe de farine
3 gousses d'ail
30 g de persil haché
Huile de tournesol
Vin blanc
Sel, poivre

❋ Découper aux ciseaux le foie en morceaux.
❋ Mixer les câpres, les cornichons, l'ail et le persil.
❋ Faire revenir la viande dans l'huile, puis fariner légèrement.
❋ Lorsque les morceaux de foie ont pris une jolie coloration, ajouter la mixture. Rectifier l'assaisonnement. Remuer pour bien enrober la viande.
❋ Ajouter le vin blanc, laisser réduire.
❋ Servir avec du riz blanc.

Ma grand-mère ne le faisait pas, mais j'ai remplacé la farine par trois cuillerées à soupe de crème fraîche que je rajoute avant de servir.

Travers de porc aux épices

Pour 4 personnes

Ingrédients
1 kg de travers de porc
1 gousse d'ail hachée
200 g de riz blanc
1 demiooignon ciselé
1 feuille de laurier
1 brin de thym
1 pomme
2 cuillerées à soupe de ketchup
1 cuillerée à soupe de miel
3 cuillerées à soupe d'huile
1 cuillerée à café de sauce de soja
1 cuillerée à café de gingembre haché
1 cuillerée à soupe de vinaigre de vin
2 kiwis
1 grosse tomate
30 g de beurre
2 jaunes d'œufs
1 cuillerée à café de paprika
Safran
Sel, poivre du moulin

❋ Préchauffer le four à 180 °C (th. 6).
❋ Faire blanchir le travers de porc 10 min dans l'eau bouillante salée, l'égoutter, le laisser tiédir et le découper en séparant les côtes deux par deux.
❋ Chauffer l'huile dans une grande poêle et y dorer les travers.
❋ Pendant ce temps, mélanger l'ail, le thym, le laurier, le miel, le ketchup, le gingembre, le vinaigre, la sauce soja, les jaunes d'œufs, sel et poivre.
❋ Placer le travers dans un plat allant au four. Arroser de la préparation au miel, puis tourner le travers pour bien l'enrober.
❋ Enfourner et cuire 30 min en le retournant régulièrement.
❋ Peler la pomme, la tailler en petits dés.
❋ Dans une cocotte, faire suer l'oignon avec le beurre chaud.
❋ Ajouter le riz et le faire revenir en remuant pour qu'il s'imprègne bien de beurre.

❋ Poudrer de safran, ajouter les dés de pomme, saler et verser deux fois le volume d'eau.
❋ Couvrir et laisser cuire à feu doux 18 à 20 min.
❋ Laver la tomate, l'épépiner et la détailler en cubes. Les ajouter au riz 5 min avant la fin de la cuisson.
❋ Peler les kiwis et les couper en tranches. Les déposer sur un petit plat et saupoudrer de paprika.
❋ Disposer les travers sur un plat de service, accompagner de riz et de rondelles de kiwi préalablement tiédies au four.

Échine de porc marinée au vin rouge

Pour 8 personnes

Ingrédients
2 kg d'échine de porc ficelée en rôti
1 kg de carottes
2 oignons
1 kg de pommes de terre
1 belle tête d'ail nouveau
1 branche de romarin
5 brins de thym
5 feuilles de laurier
7 cl d'huile d'olive
1 l de vin rouge
Sel, poivre du moulin

La veille

❋ Placer le rôti dans un sac en plastique refermable.

❋ Ajouter l'huile, le vin, les oignons pelés coupés en quatre, le romarin, le thym, le laurier, du sel et du poivre, puis secouer.

❋ Fermer et laisser mariner au frais toute la nuit.

Le jour même

❋ Sortir le rôti du sac.

❋ Allumer le four à 180 °C (th. 6).

❋ Déposer le rôti dans un plat huilé, enfourner et cuire pendant 1 h 15.

❋ Pendant ce temps, peler les pommes de terre et les carottes puis les couper en gros morceaux. Débiter la tête d'ail en tranches fines.

❋ Quarante-cinq minutes avant la fin de la cuisson, ajouter les légumes autour du rôti, les tourner dans le jus du plat, saler légèrement, poivrer et terminer la cuisson.

Fricassée de cochon

La fricassée se préparait le jour où l'on tuait le cochon en récupérant le sang avec lequel on faisait le boudin et divers morceaux de viande qui ne rentraient pas dans la composition du saucisson, des saucisses ou des caillettes. Il s'agissait du cœur, des poumons et de quelques morceaux de foie. Plus tard, habitant en ville et ne tuant plus le cochon, mamie avait pris l'habitude de nous préparer une « fausse fricassée » avec du boudin, des côtelettes ou du rôti coupés en cubes.

Pour 8 personnes

Ingrédients

500 g de côtelettes un peu grasses
1 kg de boudin
500 g de rôti de porc
Ail, thym, sauge
Sel, poivre

❋ Couper la viande en cubes. Saler et poivrer.

❋ Ôter la peau du boudin.

❋ Faire cuire la viande dans une poêle, puis le boudin dans le jus rendu par la viande.

❋ Ajouter un peu d'ail haché, de la fleur de thym et de la sauge.

❋ Manger tel quel avec une bonne purée de pommes de terre ou avec des pommes fruits.

Râble de lièvre sauce civet

Pour 2 personnes

Ingrédients
1 râble de lièvre
25 cl de sauce civet
4 gousses d'ail
thym, laurier
huile, vinaigre balsamique
6 pommes de terre rattes cuites à l'eau pour la garniture

Pour la sauce civet
1 kg de parures de gibier que vous aurez préalablement demandées à votre boucher
2 gros oignons
1 branche de céleri
3 gousses d'ail
1 carotte
thym, laurier
2 l de Côtes-du-Rhône cépage Syrah ou autre vin bien corsé
2 clous de girofle
5 grains de genièvre
80 g de farine

❋ Faire revenir les parures de gibier pour qu'elles soient bien colorées.
❋ Faire colorer les oignons et les carottes.
❋ Mélanger avec les parures, le thym, le laurier, la branche de céleri et l'ail.
❋ Y jeter aussi les aromates : les clous de girofle, le genièvre, et ajouter la farine.
❋ Laisser cuire quelques minutes et mouiller avec le vin.
❋ Faire mijoter 4 h à feu doux.
❋ Passer et faire réduire la sauce de moitié. Vous devez obtenir une sauce bien noire et onctueuse.
❋ Dénerver le râble de lièvre. Le faire rôtir dans un sautoir. Laisser colorer de chaque côté. Ajouter l'ail, le thym et le laurier.

* Finir la cuisson au four très chaud à 180 à 200 °C (th. 6/7). Dix à quinze minutes suffiront. Il faut qu'il soit rosé.
* Le sortir et le laisser reposer.
* Dégraisser le sautoir, jeter un demi-verre de vinaigre balsamique. Le faire réduire et l'ajouter au quart de litre de sauce civet. Le laisser cuire 5 à 6 min très doucement. Passer le tout au chinois fin en écrasant bien les gousses d'ail.
* Rectifier l'assaisonnement. Réchauffer le râble, le désosser. Servir en morceaux recouverts de sauce, accompagnés des pommes vapeur. Ce plat accordé avec un bon Gigondas sera un vrai régal.

Pieds d'agneau grillés farcis aux truffes

Pour 4 personnes

Ingrédients
8 pieds d'agneau
400 g de ris d'agneau bien blanchis et dénervés
100 g de truffes (parures ou brisures)
1 oignon
1 échalote
2 carottes
2 clous de girofle
1 l de bon vin blanc sec
50 cl de jus d'agneau
thym, laurier, sel, poivre
200 g de crépine bien dégorgée
huile, vinaigre

❋ Bien faire blanchir les pieds d'agneau. Les rafraîchir et les mettre à braiser avec les carottes, l'oignon, l'échalote, les clous de girofle, le thym, le laurier, le sel et le poivre.

❋ Mouiller à hauteur avec le vin blanc et de l'eau. Braiser doucement au four 3 à 4 h.

❋ Pendant ce temps, faire un ragoût des ris. Faire suer l'échalote et l'oignon hachés, mettre les ris, mouiller avec 25 cl de jus d'agneau. Laisser cuire 1 h puis incorporer les truffes.

❋ Décanter les pieds, les désosser à chaud, les étaler sur une table puis les farcir du ragoût de truffes et de ris. Les rouler bien ronds dans la crépine (forme de cylindre).

❋ Laisser reposer une nuit pour les parfums.

❋ Pour servir, faire revenir à la poêle, bien grillés, déglacés au vinaigre. Faire une vinaigrette avec le jus d'agneau.

Servir avec des pommes de terre rates à l'eau dans le jus avec un verre de Coteaux d'Aix-en-Provence blanc des Baux.

Navarin d'agneau

Pour 8 personnes

Ingrédients
3 kg de sauté d'agneau (épaule désossée, collier)
1,2 kg de pommes de terre nouvelles
300 g de petits pois écossés
1 botte de carottes primeur
1 botte de navets primeur
300 g de pois gourmands
1/2 botte d'oignons primeur
2 gousses d'ail
2,5 l d'eau
30 cl de vin blanc
4 cuillerées à soupe d'huile d'olive
1 bouquet garni (avec thym)
1 cuillerée à soupe de farine
1 pincée de sucre
Sel, poivre du moulin

❋ Peler et rincer les légumes. Laisser une partie du vert aux oignons, aux carottes et aux navets.
❋ Couper les pommes de terre en morceaux si elles sont grosses.
❋ Hacher l'ail.
❋ Faire chauffer la viande à l'huile chaude dans un faitout.
❋ Ajouter les oignons et l'ail et les laisser blondir pendant 5 min.
❋ Ôter les oignons, poudrer de farine et mélanger.
❋ Verser le vin, laisser réduire 5 min.
❋ Arroser avec l'eau bouillante. Écumer.
❋ Ajouter bouquet garni, poivre, sel et sucre.
❋ Laisser cuire 1 h 15 à 1 h 30 à couvert.
❋ Ajouter dans le faitout les carottes, les navets, les oignons et les pommes de terre 30 min avant la fin de la cuisson de la viande, puis les petits pois 15 min avant et les pois gourmands 5 min avant. Poursuivre la cuisson à découvert et à frémissement.

❋ Lorsque la viande est parfaitement fondante, arrêter la cuisson et éliminer le bouquet garni.

❋ Transvaser l'agneau et les légumes dans un grand plat creux à l'aide d'une écumoire.

❋ Faire réduire le jus de cuisson si nécessaire. Verser sur la viande et porter à table.

Pieds et paquets

Pour 8 personnes

Ingrédients

24 paquets (ventre et pieds d'agneau préparés par votre tripier)
8 pieds
3 carottes
2 poireaux
1 branche de céleri
2 oignons
2 gousses d'ail
1 bouquet garni
3 cuillerées à soupe de moutarde
1 l de vin blanc sec
1 grosse cuillerée à soupe de concentré de tomate

❁ Faire suer légèrement les oignons émincés (sans coloration), les carottes coupées en rondelles, le céleri, les poireaux, les gousses d'ail et le bouquet garni.
❁ Ajouter les pieds et les paquets. Ceux-ci rendent beaucoup d'eau. Les faire revenir jusqu'à évaporation de cette eau.
❁ Mouiller avec le vin blanc et le concentré de tomate.
❁ Faire venir à gros bouillons, puis baisser le feu au maximum et laisser cuire pendant 2 à 3 h
❁ Au bout de ce temps, piquer les paquets avec la pointe d'un couteau. Le couteau doit pénétrer facilement, prouvant ainsi que les paquets sont cuits.
❁ Les sortir de la casserole et les réserver.
❁ Passer la sauce au moulin à légumes et ajouter la moutarde.
❁ Remettre les pieds et les paquets dans la sauce ainsi obtenue. Réserver au chaud jusqu'au moment de servir.
❁ Accompagner avec des pommes vapeur ou du riz blanc.

Ragoût d'agneau

Pour 8 personnes

Ingrédients
3 kg de collier d'agneau avec l'os
1 kg de poitrine d'agneau (ou haut de côte)
1,6 kg de pommes de terre (BF 15 ou Rosenwald)
100 g d'oignon haché
4 cuillerées à soupe de concentré de tomate
150 g d'olives noires (façon grecque)
80 g de persil haché
1 filet d'huile d'olive
Thym, laurier
Sel, poivre

❋ Saler et poivrer les morceaux de viande.
❋ Dans une cocotte, faire revenir l'oignon dans l'huile d'olive, sans qu'il prenne coloration.
❋ Faire revenir la viande. Lorsqu'elle a pris une belle couleur dorée de tous les côtés, ajouter le thym et le laurier.
❋ Diluer le concentré de tomate dans de l'eau chaude. Arroser la viande avec le liquide ainsi obtenu.
❋ Couvrir d'eau chaude, ajouter le thym et le laurier et faire cuire à petits bouillons à couvert, pendant 45 min à 1 h.
❋ Pendant ce temps, éplucher les pommes de terre, les rincer et les couper en gros cubes.
❋ Avant que la viande ait fini de cuire, ajouter les pommes de terre et les olives.
❋ Faire reprendre le bouillon et terminer la cuisson à feu doux.
❋ Avant de servir, ajouter le persil haché.

Cette préparation peut se faire de la même manière avec des haricots blancs.

Légumes

Ratatouille

La ratatouille était présente tout l'été sur notre table : chaude, accompagnée de riz blanc (pour tenir mieux au ventre) ou sur laquelle on posait un œuf cuit au plat avec un filet d'huile d'olive. Froide, nous la mangions en lieu et place d'une salade. Toujours elle accompagnait viandes, volailles et poissons. (Il est intéressant d'en préparer de grandes quantités, car c'est un mets qui se réchauffe sans problème et qui est aussi délicieux à manger froid.)

Pour 8 personnes

Ingrédients
6 courgettes
4 aubergines
3 poivrons verts
2 oignons
Thym, laurier
6 tomates
3 gousses d'ail
Huile d'olive
Sel, poivre

❋ Couper en petits dés tous les légumes.
❋ Les mettre crus dans un plat allant au four, ou dans une cocotte avec couvercle.
❋ Arroser d'huile d'olive, saler et poivrer, ajouter thym et laurier.
❋ Enfourner en faisant partir la cuisson un peu fort au four à 280 °C (th. 9-10).
❋ Lorsque les légumes commencent à être tendres, baisser la température du four à 130 °C (th. 4-5), et laisser compoter longuement (au moins 2 h), en remuant souvent, jusqu'à ce que l'eau se soit entièrement évaporée.

La Bohémienne

Lorsque nous étions petits, nous n'aimions pas ce plat car on trouvait que « ça piquait ». Notre grand-mère nous répondait : « C'est parce que la Bohémienne y a mis un hérisson ! »

Pour 6 à 8 personnes

Ingrédients

1 kg de tomates bien mûres, coupées en quatre et épépinées
400 g d'oignons
2 kg d'aubergines coupées en dés, non épluchées
Quelques branches de persil
5 gousses d'ail
5 cuillerées à soupe d'huile d'olive
2 branches de thym
Sel, poivre

❀ Émincer finement les oignons. Les faire fondre et légèrement blondir dans un poêlon avec l'huile d'olive.
❀ Ajouter les tomates, les gousses d'ail et les branches de persil.
❀ Laisser évaporer un peu et ajouter les aubergines et le thym. Saler, poivrer.
❀ Couvrir et laisser cuire à petit feu. La Bohémienne est cuite lorsque les légumes sont complètement fondus (1 h environ).

Artichauts en barigoule au basilic

Pour 8 personnes

Ingrédients
16 artichauts violets
2 carottes
2 oignons
4 gousses d'ail
1 branche de céleri
1 bouquet de basilic
100 g de petit salé
Huile d'olive
Thym, laurier
Fond de volaille
(voir page 100)
Sel, poivre

❁ Tourner les artichauts, enlever les feuilles vertes et dures à l'aide d'un petit couteau.
❁ Couper les feuilles tendres à hauteur du foin et réserver.
❁ Vider le foin à l'aide d'une petite cuillère.
❁ Hacher finement carottes, oignons, ail, céleri et petit salé.
❁ Émincer les feuilles tendres.
❁ Faire suer, voire roussir les morceaux de petit salé. Ajouter carottes, oignons, feuilles d'artichaut et laisser cuire jusqu'à ce que ce soit bien sec.
❁ Farcir les fonds d'artichaut. Les disposer la queue en l'air un plat de bonne taille.
❁ Mouiller avec un fond de volaille pour recouvrir totalement les artichauts. Ajouter le basilic, le thym et le laurier.
❁ Les cuire 20 à 30 min suivant leur grosseur à four chaud à 180 °C (th. 6).
❁ Laisser reposer quelques heures.
❁ Si vous avez beaucoup de jus après la cuisson, le faire réduire un peu et rectifier l'assaisonnement. Ajouter quelques gouttes d'huile d'olive.
❁ Servir bien chaud.

Ce plat peut aussi se servir froid, accompagné d'une vinaigrette faite avec le jus bien réduit.

Aubergines frites à la sauce tomate

Pour 8 personnes

Ingrédients
6 belles aubergines
Sauce tomate
Ail
Oignons
Huile de pépins de raisin ou de tournesol
Thym, laurier
Persil ou basilic
Sel, poivre

❋ Bien essuyer les aubergines, les couper en tranches assez fines, d'épaisseur régulière, sans les éplucher.

❋ Les faire frire dans l'huile de pépins de raisin ou de tournesol avec l'ail, les oignons, le thym et le laurier, les faire égoutter sur du papier absorbant.

❋ Les ranger dans un plat creux en disposant une couche d'aubergines frites, une couche de sauce tomate. Saler et poivrer.

❋ Parsemer de persil ou de basilic ciselé.

Ce plat peut se déguster chaud ou froid.

Beignets d'aubergine

Pour 8 personnes

Ingrédients
4 belles aubergines
4 œufs bien frais
Sel, poivre
Huile de pépins de raisin

❋ Rincer les aubergines, les découper en rondelles, les saler.
❋ Battre les œufs, saler et poivrer.
❋ Tremper les tranches d'aubergine dans l'œuf battu et faire frire dans l'huile de pépin.
❋ Bien égoutter ou essuyer au papier absorbant.

Gratin de courge

Pour 8 personnes

Ingrédients
1 courge de 1,8 kg à 2 kg
1 râpée de noix muscade
3 gousses d'ail
200 g de fromage râpé
1 filet d'huile d'olive
Sel, poivre

❋ Couper la courge en petits dés.
❋ Faire cuire dans l'huile d'olive avec l'ail coupé en fines lamelles, jusqu'à ce que la courge ait rendu toute son eau, saler, poivrer, ajouter la noix de muscade, parsemer le dessus avec le fromage râpé.
❋ Lorsqu'elle est compotée, la faire gratiner au four à 180 °C (th. 6).

Gratin de courgettes

Pour 8 personnes

Ingrédients
10 courgettes
2 oignons
50 cl de béchamel
(voir page 102)
1 filet d'huile d'olive
Fromage râpé
Sel, poivre

❋ Couper les courgettes en petits dés. Les faire revenir dans l'huile d'olive avec l'oignon finement haché jusqu'à ce qu'elles aient rendu toute leur eau. Saler et poivrer.

❋ Installer les courgettes dans un plat à gratin, les recouvrir de sauce Béchamel, finir avec une couche de fromage râpé.
❋ Faire gratiner au four à 180 °C (th. 6).

Les courgettes Magali

Pour 8 personnes

Ingrédients
8 belles courgettes
4 belles tomates bien mûres
2 oignons blancs
3 gousses d'ail dégermées
1 branche de thym
1 feuille de laurier
1 filet d'huile d'olive
Sel, poivre

❋ Émincer les oignons en fines lamelles, hacher les gousses d'ail, le thym et le laurier et les disposer dans une plaque allant au four.
❋ Couper les courgettes en éventail sans les éplucher.
❋ Découper les tomates en rondelles.
❋ Disposer en les intercalant les rondelles de tomate et les lamelles de courgette sur le lit d'oignons et d'ail.
❋ Saler, poivrer, arroser d'un filet d'huile d'olive.
❋ Cuire au four à 180 °C (th. 6) assez longuement pour que les légumes confisent un peu.

Cette garniture accompagne l'agneau (gigot ou côtelettes), les côtes de veau et peut se déguster aussi avec des œufs au plat.

Beignets de courgette

Pour 8 personnes

Ingrédients
50 cl de pâte à beignet
(voir page 36)
4 belles courgettes
Huile de pépins
de raisin, sel

❋ Rincer les courgettes, les couper en tranches un peu épaisses et les saler.
❋ Les passer dans la pâte à beignet et les faire frire.
❋ Bien les égoutter sur une grille ou les essuyer avec du papier absorbant.

Fenouil braisé au safran

Le fenouil
Légume méditerranéen, il restera longtemps dans le pays niçois et ce n'est pas avec un grand succès qu'il conquit le reste du pays. En Provence, c'est un légume extra qui se mange cru ou cuit, confit… bref, à toutes les sauces. Il accompagne viandes et poissons et ce peut même être un excellent dessert, confit au sucre avec quelques épices.

Pour ? personnes

Ingrédients
6 bulbes de fenouil
2 oignons
thym, laurier
1 carotte
2 gousses d'ail
25 cl de vin blanc
1 g de safran
sel, poivre
huile d'olive

❀ Couper les bulbes en deux. Supprimer les feuilles dures (que l'on peut utiliser pour faire une crème ou une soupe). Les blanchir fortement à l'eau salée. Les refroidir. Pendant ce temps, couper les oignons et la carotte en petits dés de 3 mm de côté. Écraser les gousses d'ail, faire sauter le tout avec un peu d'huile d'olive dans un sautoir de bonne dimension pour recevoir les feuilles.

❀ Quand tout cela a bien sué, disposer les bulbes. Bien les ranger et ne surtout pas les chevaucher. Ajouter le thym et le laurier. Mouiller avec le vin blanc dans lequel on aura préalablement délayé le safran et finir de couvrir avec de l'eau. Porter à ébullition, saler, poivrer.

❀ Couvrir et cuire doucement au four à 180 °C (th. 6) pendant 2 h.

❀ Après la cuisson, retirer les fenouils. Faire réduire la sauce puis la passer au chinois et émulsionner avec un peu d'huile d'olive.

Accompagne volontiers des poissons grillés ou des viandes blanches.

Côtes de blette

Pour 8 personnes

Ingrédients
1,6 kg de côtes de blette
1 oignon blanc
1 l de béchamel (voir page 102)
80 à 100 g de gruyère râpé
1 filet d'huile d'olive

❋ Séparer les feuilles vertes des côtes.
❋ Les côtes : les couper en petits bâtonnets. Les faire blanchir en partant à l'eau froide salée afin de faire fondre les fils. Les égoutter.
❋ Dans une poêle, faire revenir l'oignon avec l'huile d'olive. Ajouter les côtes et laisser jusqu'à ce que toute l'eau se soit évaporée.
❋ Les disposer dans un plat allant au four. Couvrir de sauce Béchamel, rectifier l'assaisonnement et parsemer de gruyère râpé.
❋ Faire gratiner au four chaud à 180 °C (th. 6).
❋ Les feuilles vertes : elles se cuisinent comme des épinards. Elles peuvent être servies avec de la béchamel et des œufs durs. Elles sont aussi excellentes roulées dans une omelette baveuse.

Fricassée de pois gourmands au lard

Pour 8 personnes

Ingrédients
1 kg de pois gourmands
2 oignons
100 g de lard frais en dés4 gousses d’ail
50 cl de jus de bœuf ou d’eau
5 cl d’huile d’olive
Sel, poivre

❋ Faire revenir le lard et les oignons hachés avec l’huile d’olive.

❋ Ajouter l’ail et les pois gourmands avec le jus de bœuf ou l’eau et laisser cuire à feux doux 10 min, à l’étouffée.

❋ Saler et poivrer.

Poivrons rouges ou verts à l'huile d'olive

Pour 4 personnes

Ingrédients
8 poivrons rouges ou verts
2 gousses d'ail

En été, quand on a des poivrons en abondance, il est très agréable de les faire à l'huile d'olive. On peut les servir pour un apéritif ou en accompagnement de terrines et salades.

❋ Prendre des poivrons rouges ou verts. Les couper en deux, les débarrasser de leurs graines, les plaquer côté ouvert sur une plaque allant au four. Saler et poivrer, arroser d'huile et mettre au four très chaud à 200 à 210 °C (th. 7) jusqu'à ce que la peau craquelle et noircisse presque.

❋ Les sortir et les couvrir d'un linge. On peut ainsi les peler très facilement.

❋ Les mettre dans une terrine et les couvrir d'huile avec un peu d'ail et quelques branches de thym.

On peut en manger à tout moment, avec des tranches de pain de campagne grillées.

Tian d'épinards aux clovisses

Ce plat était traditionnellement servi lors du souper d'avant la messe de minuit.

Pour 8 personnes

Ingrédients
2,5 kg d'épinards
2 gousses d'ail
1 cuillerée à soupe de farine
4 kg de clovisses
Huile d'olive
Sel, poivre

❋ Faire cuire les épinards dans l'eau bouillante salée, puis les faire égoutter longuement.
❋ Éplucher et écraser l'ail.
❋ Mettre les clovisses dans une passoire que vous immergez dans une cuvette d'eau douce pendant 1 h, le sable va se déposer au fond de la cuvette.
❋ Bien rincer les clovisses.
Les faire ouvrir rapidement en les faisant chauffer dans une casserole.
❋ Ôter la partie vide de la coquille et réserver la partie avec la bête dans un saladier.
Filtrer le jus rendu.
❋ Dans une cocote, faire revenir l'ail dans de l'huile d'olive, sans le faire roussir.
❋ Ajouter la farine, remuer, ajouter ensuite les épinards et les clovisses. Mouiller avec le jus des coquillages.
❋ Bien mélanger, poivrer, saler, mais attention avec le sel, puisque le jus des clovisses est salé.

Épinards aux œufs durs

Pour 8 personnes

Ingrédients
1,6 kg à 2 kg d'épinards
50 cl de béchamel (voir page 102)
12 œufs
50 g de gruyère râpé
Sel, poivre

❋ Après les avoir bien rincés, faire cuire les épinards dans l'eau bouillante salée.
❋ Lorsqu'ils sont cuits, les faire longuement égoutter.
❋ Faire cuire les œufs. Les écaler. Les couper en deux.
❋ Dans un plat allant au four, mélanger les épinards et la sauce Béchamel. Rectifier l'assaisonnement.
❋ Installer les œufs sur le lit d'épinards. Recouvrir de gruyère râpé, enfourner à four chaud 180 °C (th. 6) pour faire fondre le fromage.

Aujourd'hui, je fais suer les épinards avec une noisette de beurre dans leur jus. Je les laisse égoutter quand même longuement.

Tomates à la provençale

Pour 8 personnes

Ingrédients
16 tomates bien mûres
4 gousses d'ail
Persil ou basilic
Chapelure
Huile de tournesol
Huile d'olive
Sel

❋ Couper les tomates en deux, à l'horizontale. Ôter les pépins, les saler.
❋ Installer les tomates sur une plaque allant au four après l'avoir arrosée d'huile de tournesol.
❋ Enfourner et laisser cuire à 210 °C (th. 7), jusqu'à ce que les tomates aient rendu toute leur eau.
❋ Préparer une petite farce avec la chapelure, l'ail et le persil haché, le tout copieusement arrosé d'huile d'olive.
❋ Lorsque les tomates sont cuites, les garnir avec la farce. Arroser d'un filet d'huile d'olive et remettre au four pendant une petite demi-heure afin que la chapelure devienne un peu croquante.
❋ Les tomates doivent être confites. Elles auront beaucoup diminué de volume mais auront gagné en saveur.

Elles se dégustent chaudes, froides, avec viandes et poissons, œufs, riz blanc, et même seules.

Tomates farcies

Pour 8 personnes

Ingrédients
8 tomates bien mûres mais bien fermes
Reste du potoauofeu
4 œufs
Mie de pain
Lait
Ail
Persil
1 filet d'huile d'olive
Sel, poivre

- Couper un petit chapeau sur les tomates, le réserver, épépiner les tomates et les vider, saler légèrement l'intérieur.
Garder la pulpe.
- Passer au hachoir à viande (grille moyenne) le reste du pot-au-feu, y ajouter les œufs, la pulpe des tomates, la mie de pain trempée dans le lait, l'ail et le persil. Saler et poivrer.
- Garnir les tomates avec la farce ainsi obtenue, reposer les chapeaux, arroser d'un filet d'huile d'olive et enfourner à 210 °C (th. 7).
- Faire cuire jusqu'à ce que l'eau des tomates soit évaporée.

Quelquefois, on mettait du riz entre les tomates pour que celui-ci cuise dans le jus. Ceci rendait le plat plus consistant et plus économique.
Nous faisons toujours les tomates farcies avec les restes du pot-au-feu qui était préparé de façon abondante, dans le but d'avoir matière à plusieurs recettes.

Sauces

Coulis de tomates

Pour 8 personnes

Ingrédients
3 kg de tomates bien mûres
1 bel oignon
2 carottes
Persil
3 gousses d'ail épluchées
1 branche de thym
2 feuilles de laurier
2 cuillerées à soupe d'huile d'olive
Sel, poivre

❋ Peler, épépiner et couper en petits dés les tomates bien mûres.
❋ Verser dans une casserole l'huile d'olive, y faire fondre l'oignon (sans coloration), les carottes coupées en petits dés et ajouter les dés de tomate, le thym, le laurier, le persil, l'ail écrasé, sel et poivre.
❋ Faire cuire à petit feu jusqu'à ce que l'eau des tomates soit totalement évaporée et qu'elles aient pris une couleur rouge foncé.
❋ Passer au moulin à légumes (grosse grille).

Aïoli

Ingrédients
1 jaune d'œuf
50 cl d'huile d'olive
6 gousses d'ail
1 pincée de sel

❀ Piler et réduire en pâte fine l'ail dans un mortier, ajouter le jaune d'œuf et le sel.

❀ Tourner en faisant tomber l'huile sur le jaune, jusqu'à ce que l'aïoli soit devenu épais.

Purée d'ail (moutarde provençale)

Ingrédients
4 têtes d'ail
4 filets d'anchois au sel
Le jus d'un demi-citron

❋ Cuire les têtes d'ail au four.
❋ Les éplucher, les piler, les passer au tamis avec les filets d'anchois bien rincés à l'eau froide, y ajouter le jus de citron.

Accompagne le gigot d'agneau, les côtelettes grillées, etc.

Anchoïade

Ingrédients
12 filets d'anchois au sel
1 cuillerée à café de vinaigre
3 gousses d'ail
50 cl d'huile d'olive

❋ Bien rincer les anchois à l'eau froide.
❋ Les faire fondre avec le vinaigre sur feu doux jusqu'à obtention d'une pâte.
❋ Ajouter l'ail finement haché.
❋ Monter avec l'huile d'olive.

Court-bouillon

Pour 1 l de court-bouillon

Ingrédients
1 oignon
1 carotte
1 branche de céleri
1 gousse d'ail
Poivre en grains
75 cl d'eau
25 cl de vin blanc
Quelques gouttes de vinaigre d'alcool

❋ Mouiller les légumes et la garniture avec l'eau et le vin blanc ou 1 l d'eau et le vinaigre d'alcool.

❋ Laisser bouillir 10 min à couvert.

Fond de volaille

Pour 1 l de fond de volaille

Ingrédients
2 carcasses de volaille
5 à 6 l d'eau
1 oignon
1 gousse d'ail
1 bouquet garni

❋ Faire suer les carcasses, les dégraisser.
❋ Ajouter l'eau ainsi que la garniture. Faire cuire 3 h.
❋ Passer au chinois.

❋ Laisser réduire afin qu'il ne reste que 1 l de bouillon, que l'on pourra conserver au congélateur.

De nos jours, les cubes industriels sont de très bonne qualité.

Rouille

Pour 8 personnes

Ingrédients
1 gramme de piment rouge d'Espelette
1 tranche de mie de pain trempée dans du lait
2 gousses d'ail
20 cl d'huile d'olive

- Piler tous les ingrédients dans un mortier.
- Ajouter l'huile d'olive jusqu'à obtention d'une pommade.

Cette sauce accompagne la soupe de poisson. On peut alors la mouiller avec un peu de soupe et y ajouter aussi du safran (une dose) et du paprika.
Certains cousins de la mer y ajoutent quelques langues d'oursin.

Sauce mayonnaise

Ingrédients
1 jaune d'œuf
1 pincée de sel
25 cl d'huile de tournesol ou de pépins de raisin
Poivre moulu
1 cuillerée à café de moutarde

❃ Mettre tous les ingrédients à température ambiante.

❃ Mélanger le jaune d'œuf à la moutarde, au sel et au poivre.
❃ Monter avec l'huile.

Sauce tartare

Pour 8 personnes

Ingrédients
25 cl de mayonnaise
50 g d'oignons hachés
10 g de câpres hachés
10 g de cornichons hachés
5 g de persil haché

Mélanger tous ces ingrédients à la sauce mayonnaise.

Tomates concassées

Pour 8 personnes

Ingrédients
3 kg de tomates bien mûres
1 bel oignon
2 carottes
1 branche de thym
2 feuilles de laurier
Persil
3 gousses d'ail épluchées
2 cuillerées à soupe d'huile de pépins de raisin ou de tournesol
Sel, poivre

❋ Peler, épépiner et couper en petits dés les tomates bien mûres.
❋ Verser dans une casserole l'huile de raisin ou de tournesol, y faire fondre l'oignon (sans coloration), les carottes coupées en petits dés et ajouter les dés de tomate, le thym, le laurier, le persil, l'ail écrasé, sel et poivre.
❋ Faire cuire à petit feu jusqu'à ce que l'eau des tomates soit totalement évaporée et qu'elles aient pris une couleur rouge foncé.
❋ Passer au moulin à légumes (grosse grille).

Desserts

Crème brûlée au parfum de lavande

Pour 4 à 6 personnes

Ingrédients
100 g de sucre semoule
250 g de crème fleurette
6 jaunes d'œufs
10 cl de lait
1 g de fleur de lavande séchée

- Mélanger les jaunes avec le sucre en fouettant bien afin qu'ils blanchissent.
- Ajouter la crème et le lait à froid, ainsi que la lavande.
- Laisser reposer ce mélange 1 à 2 h pour que la lavande diffuse bien son parfum.
- Verser dans un plat à œuf ou une assiette en faïence allant au four.
- Cuire au bain-marie à four doux à 130 °C (th. 4-5) pendant 1 h 15.
- Sortir et laisser refroidir.

Il est conseillé de la faire le matin pour le soir.

Flan aux œufs

Pour 8 personnes

Ingrédients
200 g de sucre semoule
8 œufs entiers + 4 jaunes
1 l de lait entier
1 bâton de vanille

- Faire bouillir le lait avec le sucre et le bâton de vanille que l'on aura coupé en deux dans le sens de la longueur.
- Dans un saladier, mélanger les œufs. Verser le lait chaud en tournant rapidement afin que les œufs ne cuisent pas.
- Verser cet appareil dans un plat allant au four que l'on aura pu chemiser de caramel blond.
- Faire cuire dans le four au bain-marie à 120 °C (th. 4) pendant 1 h 30 à 2 h, suivant la forme de votre plat (vérifier que la cuisson est bonne en trempant la pointe d'un couteau au centre du flan. La pointe doit ressortir sèche. Dans le cas contraire, poursuivre la cuisson quelques instants).

À déguster avec des boudoirs et du caramel.

Flan au tapioca

Pour 8 personnes

Ingrédients
1 sachet de sucre vanillé
1 l de lait
6 œufs bien frais
100 g de tapioca

Caramel
125 g de sucre semoule

- Faire chauffer le lait.
- À ébullition du lait, verser le tapioca. Faire cuire 5 min à petits bouillons sans cesser de remuer.
- Battre les œufs avec le sucre et le sachet de sucre vanillé.
- Mélanger le tapioca, les œufs et le sucre hors du feu.
- Préparer un caramel. En badigeonner le moule.
- Y verser la préparation au tapioca. Faire cuire 40 min au four à 160 °C (th. 5-6).

Millas

Pour 8 personnes

Ingrédients
1 l de lait
1 cuillerée à soupe d'eau de fleur d'oranger
250 g de semoule de maïs (polenta)
3 œufs entiers
100 g de sucre ou 1 cuillerée à soupe de miel
2 cuillerées à soupe de confiture de meraviho
1 pincée de cannelle
1 gousse de vanille coupée en deux dans le sens de la longueur

❃ Faire bouillir le lait soit avec le sucre, soit avec le miel. Parfumer avec l'eau de fleur d'oranger, la gousse de vanille et la cannelle.
❃ À ébullition, jeter la semoule de maïs progressivement, sans cesser de remuer, jusqu'à ce qu'elle ait pris une bonne consistance et que tout le lait soit bu. Laisser tiédir hors du feu.
❃ Battre les œufs en omelette et les incorporer à la préparation lait-semoule. Ajouter la confiture.
❃ Mettre dans un moule à manqué beurré. Enfourner à 180 °C (th. 6) et laisser cuire entre 30 et 45 min.

Clafoutis

Pour 6 personnes

Ingrédients
125 g de sucre en poudre
500 g de cerises noires
4 œufs
80 g de farine
120 g de beurre
25 cl de lait
2 cuillerées à soupe de sucre cristallisé
1 pincée de sel

❋ Préchauffer le four à 210 °C (th. 7).
❋ Rincer, équeuter et essuyer les cerises. Les disposer dans un plat badigeonné avec 30 g de beurre.
❋ Dans une jatte, battre les œufs à la fourchette. Ajouter une pincée de sel et le sucre en poudre, bien mélanger.
❋ Incorporer la farine puis 60 g de beurre fondu refroidi. Délayer avec le lait froid.
❋ Verser cette pâte sur les cerises. Parsemer du reste de beurre en parcelles.
❋ Cuire 30 min au four.
❋ Servir le clafoutis tiède ou froid dans le plat de cuisson après avoir poudré la surface de deux cuillerées de sucre cristallisé.

Gâteau aux Petit Brun

Ce gâteau a été notre gâteau d'anniversaire pendant toute notre enfance. Nous en préparons à notre tour au moins une fois par an pour les fêtes de fin d'année.

Pour 8 personnes

Ingrédients
2 biscuits (Thé Brun)
250 g de beurre ramolli
3 jaunes d'œufs semoule
1 l de café très fort et très chaud (on peut renforcer le goût du café en y rajoutant une petite cuillerée de café soluble)
2 cuillerées à café de chocolat amer
150 g de sucre semoule

❋ Préparer une crème au beurre en mélangeant le beurre ramolli, les jaunes d'œufs et le sucre.
❋ Tremper les biscuits un à un dans le café bien fort et bien chaud. Les installer sur le plat de service (plateau à dessert).
❋ Alterner les couches de biscuits et les couches de crème. Terminer par une couche de crème saupoudrée de chocolat amer.

Tarte aux pignons

Pour 8 personnes

Ingrédients
1 fond de tarte en pâte sucrée
100 g de sucre
100 g de beurre
400 g de pignons
25 cl de crème double

❋ Faire un caramel blond au beurre.
❋ Ajouter les pignons. Laisser cuire et déglacer à la crème.
❋ Verser le tout dans le fond de tarte. Cuire au four à 180 °C (th. 6) durant 40 min.

Croquants aux amandes

Pour 8 personnes

Ingrédients
400 g de farine
125 g de sucre glace
250 g d'amandes entières (avec la peau)
4 œufs
1 pincée de sel

❋ Mélanger la farine, le sucre, le sel et les amandes. Incorporer les œufs.
❋ Façonner des petits boudins de 2 cm de diamètre.
❋ Cuire au four à 180 °C (th. 6) pendant 5 min.
❋ Les découper en rondelles quand ils sont chauds.

Navettes provençales

Ingrédients
750 g de farine
65 g de beurre
1 pincée de sel
375 g de sucre en poudre
Zeste d'un citron
3 œufs + 1 jaune
10 cl d'eau

- Réaliser une fontaine avec la farine et ajouter le sucre, le beurre ramolli, le zeste, le sel et les œufs. Mélanger.
- Incorporer l'eau pour obtenir une pâte homogène.
- Façonner des boudins suivant la grosseur des navettes souhaitées.
- Les couper en tronçons et leur donner une forme ovale.
- Les disposer sur une plaque beurrée.
- Faire une entaille au centre de chaque navette.
- Laisser reposer 1 h.
- Dorer les navettes avec un jaune d'œuf.
- Les passer au four à température modérée à 150 °C (th. 5) et les sortir quand elles sont dorées.

Pets-de-nonne au parfum de caramel

Pour 4 personnes

Ingrédients
2 œufs
12 cl d'eau
4 cuillerées à soupe de caramel liquide
60 g de beurre
75 g de farine
Huile de friture
1 pincée de sel

Préparer la pâte à choux

- Verser l'eau froide dans une casserole, ajouter le sel et le beurre en parcelles. Chauffer sur feu doux. Retirer du feu dès l'ébullition.
- Verser la farine d'un seul coup en mélangeant vivement.
- Faire dessécher la pâte quelques instants sur feu doux en mélangeant sans cesse.
- Laisser tiédir 2 min puis incorporer les œufs un par un.
- Faire chauffer un bain de friture à 170 °C.

Réaliser les choux

- Prélever de petites portions de pâte entre deux cuillers à café et les laisser tomber par petites quantités dans l'huile chaude.
- Dès que les pets-de-nonne gonflent, les retourner doucement avec une écumoire pour qu'ils dorent de toutes parts.
- Égoutter les beignets au fur et à mesure sur du papier absorbant. Répéter l'opération jusqu'à épuisement de la pâte.
- Déposer les beignets dans un plat, arroser de caramel liquide. Déguster bien chaud.

Tartines de pain perdu

Pour 8 personnes

Ingrédients
16 belles tranches de pain
100 g de beurre
100 g de sucre en poudre

L'appareil à flan :
50 cl de lait
3 œufs entiers
100 g de sucre

❉ Trancher le pain. Le tremper dans l'appareil à flan et le faire dorer doucement dans une poêle avec le beurre.

❉ Lorsque les tartines ont pris une jolie couleur de miel, les saupoudrer de sucre.

❉ Servir chaud nature ou avec de la confiture.

Ma grand-mère nous les préparait pour le goûter, souvent avec du pain un peu rassis.

Lait de poule

Pour 4 à 6 personnes

Ingrédients
1 l de lait
3 jaunes d'œufs
5 cuillerées à soupe de sucre en poudre
1 gousse de vanille

❋ Réserver un verre de lait froid puis faire chauffer le lait restant avec la gousse de vanille.
Laisser infuser 5 à 10 min.
❋ Dans un bol, sucrer les jaunes d'œufs que vous aurez soigneusement séparés des blancs.
❋ Bien mélanger puis délayer avec le lait froid. Verser ensuite le lait chaud.
❋ Boire aussitôt.

Cette recette était réservée aux enfants. Les adultes avaient le droit d'y rajouter un peu de rhum.
Pour se réchauffer en rentrant de l'école l'hiver et se fortifier (bien meilleur que l'huile de foie de morue).

Pommes au four

Pour 8 personnes

Ingrédients
8 noisettes de beurre
8 pommes (Golden ou Reinette du Canada)
100 g de sucre

❋ Bien rincer les pommes.
Les équeuter et les évider à l'aide d'un instrument prévu à cet usage.
❋ Les installer dans un plat allant au four. Mettre une noisette de beurre dans le trou laissé par les pépins. Saupoudrer de sucre et cuire au four à 150 °C (th. 5) pendant une bonne heure.
❋ Servir tiède ou froid avec une tranche de pain d'épice.

Ma grand-mère avait pour usage de remplir les trous des pommes de gelée de groseille à la sortie du four.

Compote de pommes

Ingrédients
5 kg de pommes
500 g de sucre
1 jus de citron
2 bâtons de vanille

❋ Éplucher les pommes et les couper en gros cubes en laissant les pépins.
❋ Faire cuire rapidement avec le jus de citron, les deux bâtons de vanille coupés en deux dans le sens de la longueur et le sucre.

Cette préparation était utilisée aussi en fond de tarte.
On utilisait souvent les pommes abîmées ou tombées de l'arbre que nous devions bien trier et bien laver.

Compote de poires

Ingrédients
5 kg de poires
Williams bien mûres
500 g de sucre
1 jus de citron
2 bâtons de vanille
100 g de beurre

❃ Éplucher et couper les poires en quatre. Ôter les pépins.
❃ Cuire rapidement avec le sucre, les bâtons de vanille coupés en deux dans le sens de la longueur, le jus de citron.
❃ Ajouter le beurre en fin de cuisson.

Compote de coings

Ingrédients
5 kg de fruits
1 jus de citron

- Rincer et peler les fruits.
- Les couper en quartiers et en retirer les pépins.
- Faire un bouillon avec les peaux et les pépins.
- Cuire les quartiers de fruit dans ce bouillon.

Cette compote se sert en accompagnement d'une volaille ou d'une viande rôtie. Sucrée, elle se déguste en dessert.

Coings rôtis au miel

Pour 6 personnes

Ingrédients
3 coings
Cannelle
3 grains d'anis étoilé
Poivre
1 pointe de curry
1 pointe de cumin
miel
sucre

❀ Éplucher les coings.
❀ Faire un jus avec les peaux et les intérieurs.
❀ Aromatiser avec la cannelle, l'anis étoilé, du poivre, le curry et le cumin.
❀ Jeter les coings dans ce jus pour les cuire. Faire réduire le jus jusqu'à ce qu'il devienne sirupeux.
❀ Réaliser un caramel au miel.
❀ Rouler les coings dans le caramel au miel pour qu'ils brillent.
❀ Les dresser et accompagner d'une glace à la vanille.

Pâte de coings

La pâte de coings fait partie des treize desserts de Noël.

Ingrédients
Sucre glace
1 kg de sucre cristallisé
1 kg de coings bien mûrs

❁ Laver et couper les coings en quatre, sans les éplucher.
❁ Les mettre dans une casserole et les recouvrir à fleur d'eau. Les faire cuire. Lorsqu'ils sont bien tendres, les égoutter et les passer au presse-purée, grille moyenne.
❁ Peser la purée ainsi obtenue pour ajouter le même poids de sucre cristallisé.
❁ Mettre le mélange dans la bassine en cuivre et faire cuire doucement en remuant sans cesse (cette opération est très fatigante car elle peut durer 30 min et la purée de coings devient de plus en plus difficile à remuer au fur et à mesure qu'elle cuit).
Pour vérifier la cuisson, verser une petite cuillerée de pâte dans une assiette. Si elle reste compacte, c'est que c'est prêt. La verser alors sur une plaque et la laisser refroidir.
❁ Lorsqu'elle a bien refroidi, la découper en forme de carrés ou en losanges et la saupoudrer de sucre glace.

Confiture de meravibo

La meraviho, nom provençal d'un melon d'eau proche de la pastèque, est appelée aussi citre. J'avoue ne pas avoir trouvé le mot dans le dictionnaire.

Ingrédients
1 meraviho (2 à 3 kg)
1 citron non traité
800 g de sucre cristallisé par kilo de fruit

La veille

❋ Éplucher et épépiner le fruit. Peser la quantité de fruit restante.
❋ Mettre les morceaux de fruit dans un saladier et sucrer à raison de 800 g de sucre cristallisé par kilo de fruit.
❋ Ajouter un citron coupé en quartiers, peau comprise et laisser mariner une nuit.

Le jour même

❋ Égoutter les fruits. Faire un sirop avec le jus récolté.
❋ Mettre dans une casserole sur le feu. Lorsque le sirop bout bien, ajouter les fruits et laisser cuire jusqu'à ce que la préparation ait atteint une jolie couleur ambrée, proche de la couleur du miel.
❋ Verser très chaud dans des pots à confiture très précautionneusement lavés.
❋ Fermer et retourner le pot.

Gelée de groseille

Ingrédients
Groseilles
Sucre (même poids que le jus obtenu)

❋ Rincer rapidement les groseilles en les passant sous l'eau sans les tremper.
❋ Les mettre dans la bassine à confiture et leur donner une ébullition.
❋ Les passer au tamis ou au chinois. Peser le jus ainsi obtenu et l'additionner de son poids en sucre.
❋ Mettre à cuire. La gelée est cuite lorsque l'on en met quelques gouttes sur une assiette froide et qu'elles se figent.
❋ Mettre rapidement dans des bocaux très soigneusement lavés. Fermer bien et retourner.

On procédera de la même manière avec les mûres, les myrtilles et les pommes.

Table des matières

Apéritifs et amuse-bouches 4
Carthagène 5
Les « grunes » et les griottes 6
La grune 6
La griotte 7
Vin de pêche 8
Vin d'orange 9
Clafoutis aux olives vertes 10
Croûtons aux abats de volaille 11
Croûtons aux anchois 12
Pain de poivrons 12
Poichichade 13

Soupes 14
Soupe au pistou 15
Aigo boulido 16
Soupe de pois cassés 17
Soupe de courge 18
Velouté de tomates au basilic 19
Soupe de poisson 20

Entrées 22
Tarte aux herbes 23
Tarte de tomates à la bûche de chèvre frais 24
Fromage de tête 25
Tourte feuilletée à la forestière 26
Caillettes de gibier 27
Brandade de morue 28
Salade de haricots aux oignons nouveaux 29
Salade de haricots blancs 30
Salade de moules à l'huile de noisette 31

Poissons et fruits de mer 32
Bourride 33
Morue frite à la provençale 34
Gratin d'épinards à la morue 35
Beignets de morue 36
Rascasse pochée entière 37
Filets de rouget à la tapenade 38
Gratins au rouget rôti 39
Filets d'anchois marinés au vin blanc 40
Fruits de mer au safran et aux œufs 41
Salade de moules aux fusilli, croquant de céleri vert 42
Toasts de moules 43
Bouillabaisse 44
Aïoli (le plat) 45
Supion farcis aux cèpes 46

Œufs 48
Œufs durs aux herbes 49
Omelette de pommes de terre aux légumes 50
Œufs mimosa 51

Volailles 52
Lapin à la moutarde 53
Bouillabaisse de lapin 54
Civet de lapin 56
Pintade aux olives 58

Viandes 60
La daube de Mamie 61
Daube à l'avignonnaise 62

Canelloni 64
Foie de génisse sauce verte 65
Travers de porc aux épices 66
Échine de porc marinée
au vin rouge 68
Fricassée de cochon 69
Râble de lièvre sauce civet 70
Pieds d'agneau grillés
farcis aux truffes 72
Navarin d'agneau 74
Pieds et paquets 76
Ragoût d'agneau 77

Légumes 78
Ratatouille 79
La Bohémienne 80
Artichauts en barigoule au basilic 81
Aubergines frites
à la sauce tomate 82
Beignets d'aubergine 83
Gratin de courge 84
Gratin de courgettes 85
Les courgettes Magali 86
Beignets de courgette 87
Fenouil braisé au safran 88
Côtes de blette 89
Fricassée de pois
gourmands au lard 90
Poivrons rouges au vert à l'huile
d'olive 91
Tian d'épinards aux clovisses 92
Épinards aux œufs durs 93
Tomates à la provençale 94
Tomates farcies 95

Sauces 96
Coulis de tomates 97
Aïoli 98
Purée d'ail (moutarde provençale) ...99
Anchoïade 99
Court-bouillon 100
Fond de volaille 100
Rouille 101
Sauce mayonnaise 102
Sauce tartare 102
Tomates concassées 103

Desserts 104
Crême brulée
au parfum de lavande 105
Flan aux œufs 106
Flan au tapioca 107
Millas 108
Clafoutis 109
Gâteau aux Petit Brun 110
Tarte aux pignons 111
Croquants aux amandes 111
Navettes provençales 112
Pets-de-nonne
au parfum de caramel 113
Tartines de pain perdu 114
Lait de poule 115
Pommes au four 116
Compote de pommes 117
Compote de poires 118
Compote de coings 119
Coings rôtis au miel 120
Pâte de coings 121
Confiture de meraviho 122
Gelée de groseille 123

Illustrations de

Jean-Dominique Longubardo

Éditeur : Marilyn Zermatten
Coordination éditoriale : Isabelle Rousseau
Conception graphique et mise en pages :
Studio des Editions Ouest-France
Photogravure : graph&ti, Cesson-Sévigné (35)

ISBN : 978-2-7373-5256-0 - N° d'éditeur : 6360.03.1,5.03.13
Dépôt légal : janvier 2011 - Achevé d'imprimer en France - L64160
www.editionsouestfrance.fr